たった５つの感情でお客さまは動き出す!!

売り込まなくても結果が出る“感情集客術”

佐々妙美 著

はじめに

もしもあなたが集客に困っていて、それをノウハウやテクニックでなんとか解消しようとしているのなら、今すぐやめてください。

「集客術」という単語がタイトルの一部になっている本なのに、いきなりそんなことを言ったら、あなたはびっくりするかもしれませんね。


「何を言い出すんだ」

「お客さまを集めなかったら商売にならないじゃないか」

「こっちは藁にもすがる思いで、何とかして集客アップしたいと必死なのに」

「ふざけるな！」

そんな声も聞こえてきそうです。

でも、私は大まじめで言っています。今すぐ、ノウハウやテクニックに頼った集客は、やめてください。

あなたと同じように、集客に悩んでいるビジネスパーソンはたくさんいます。そして「こうやったら集客は上手くいく！」というノウハウやテクニックは、巷に山のようにあふれています。試しに、Ｇｏｏｇｌｅで「集客　ノウハウ」とか「集客　コツ」等と入れて検索をしてみてください。どうでしょう。「集客　ノウハウ」だと約81万6千件、「集客　コツ」だと実に、約２９７万件もの検索結果が表示されませんか？

こんなにたくさんのノウハウやコツをつかむヒントがインターネット上にあふれているのに、集客に悩む人がなくならないのは、どうしてなのでしょう？

巷のノウハウが、ニセモノで役に立たないものばかりだから？　いいえ、そんなことはありません。メールマガジンを発行しましょう、ブログはこう使いましょう、そういったノウハウは、集客をしようという人にはどれも避けて通ることができないものです。TwitterやFacebookなどのSNS（ソーシャルネットワーキングサービス）は、基本的にどれも口コミによる伝播を起こしやすく、集客にはとても効果があります。名刺やホームページといった宣伝ツールも、もちろん重要です。その名刺やホームページに記載するあなた自身や会社のプロフィールを徹底的に磨き上げることだって、集客には充分に役に立つはずです。さらに言えば、そこにどんな表現で言葉がつづられているか、いわゆるコピーライティングもとても大切なことです。

検索をして表示されるこういった集客ノウハウは、王道のものであっても裏ワザ的なものであっても、決してどれも無駄になるようなものではなく、有効なものであると私には感じられます。

しかし、それでも集客に悩む人は、一向に少なくならないのです。

申し遅れました。私は、セミナービジネスプロデューサーの佐々妙美と申します。セミナーに特化した集客のコンサルティングを得意としています。過去に1万5000人以上をセミナーやイベントに集客し、55万円という高額なセミナーを530本以上も販売してきました。わずか2週間で、Facebookを利用して350人をイベントに集めた経験もあります。様々な著名人、ベストセラー作家や、海外で活躍する日本人実業家、世界で活躍するユダヤ人などのセミナーをプロデュースしました。そして、それらの経験をもとにノウハウを構築し、多くのクライアントに集客テクニックをお伝えしてきました。

私自身も、あなたのように集客に悩む方を対象としたセミナーで、集客のノウハウをお話したり、個別のコンサルティングで集客のアドバイスをさせていただいたりしています。

そんな私が、

「集客をノウハウやテクニックに頼るのはやめてください」

と主張するのには、理由があります。

自分で言うのもおこがましいのですが、私がお伝えしてきたテクニックは、**「結果を出す」ことに於いてはとても自信があります。それは、机上の空論や理論上のテクニックなどではなく、私自身が苦労をして探し出したテクニックだからです。**

私はもともと、普通のOLをしていました。最初に就職した会社はカラオケのコンサルティング会社。1年ほどたって転職したのが、マンションデベロッパーでした。そこに8年勤めた後、自分で何か、独立起業したいなという考えを持つようになり、勉強のために異業種交流会に参加するようになりました。

そこで出会った経営コンサルタントの方に触発されて、セミナー業界に足を踏み入れることになりました。その人の話を聴いたときに「ああ、この話は是非、もっといろんな人に聴いてもらいたい」という気持ちが湧いてきて、どうにも止められなくなったのです。

それだけの情熱を持って取り組んだ仕事ですから、何としてでも成功させたいという思いを強く持っていました。とにかくがむしゃらにたくさんの人に声を掛けてセミナーに誘いました。はじめのうちは友人知人も協力的で、1回のセミナーに数十人と集めることもそれほど難しいことではありませんでした。しかし、これが仕事である以上、定期的にお客さまを集め続けなければなりません。少ないときで月に60人、多いときでは120人ほどを、毎月コンスタントに集めなければいけないのです。一発屋で終わってしまったら、それはビジネスにはなりません。

知人に声を掛けつくしてしまった頃から、毎回毎回、自転車操業でお客さまを集めなければならなくなります。このあたりは、もしかしたら営業の仕事の経験がある人は、共感してくださるかもしれませんね。

寝ても覚めても、考えるのは集客のことばかり。もしも次のセミナーに人が集まらなかったらどうしよう――そんな心配ばかりしていました。次第に「集客」という業務が心に重くのしかかって、私はどんどん疲弊していきました。この「集客地獄」が終わる日は来るのだろうか。そんな思考に囚われるようになると、当初抱いていた情熱もうっすらと消えていきそうになります。

そんな追い詰められた状況を何とかしようと、試行錯誤を重ねました。先ほども述べました通り、「集客地獄」とはいえ、必ずいつもお客さまの集まりが悪いというわけではないのです。良いときもあれば悪いときもある。その違いがどこにあるのか徹底的に分析しました。そして、集客が良かったときにやってきたことを試しに繰り返しやってみて、**再現性があると確信できたものからノウハウ化し**ていきました。

私がこれまでにセミナーなどでお伝えしてきた集客ノウハウは、このように、精神的にギリギリになりながらも**試行錯誤を重ね、徹底的に分析した末に体得**したものばかりです。だから結果を出します。だから自信もあります。

……でも、これほどまでに自信のあるノウハウであっても、すぐに結果が出る人となかなか結果が出ない人がいました。もちろん、結果を出されるお客さまは、ご自身の期待以上の集客を成功させて、生き生きと楽しそうにビジネスを続けていらっしゃいます。実践的な指導が実って、1か月で2000万を超える売上をたたき出すなどの成果を上げるお客さまが多数いらっしゃいます。その一方で、ノウハウを活用して熱心に集客に取り組んでいらっしゃるものの、なかなか結果が出ずにご苦労を続けていらっしゃる方もいるのです。

ノウハウに自信がある以上、私はすべてのお客さまに結果を出していただきたいと考えています。そこで改めて、すぐに結果の出るお客さまと、残念ながらなかなか結果が出ないお客さまとでは何が違うのか、徹底的に調査しました。

その結果、導き出されたのが、冒頭に述べた言葉です。

もしもあなたが集客に困っていて、それをノウハウやテクニックでなんとか解消しようとしているのなら、今すぐやめてください。

ノウハウやテクニックには、頼らないでください。

集客が上手くいっているお客さまは、ノウハウを得た後、メールマガジンやブログ、Ｆａｃｅｂｏｏｋなどを有効に使って、その方のお客さまとの人間関係をしっかりと築いていらっしゃいます。私が、集客で上手くいっていたときも同じでした。

でも、集客が上手くいっていないお客さまは、ノウハウを実行することにとにかく一生懸命になってしまうのです。どちらかというと、真面目で器用な方に多いかもしれません。メールマガジンでもブログでもＦａｃｅｂｏｏｋでも、使いこなすことにとにかく必死になってしまい、あるいは、コピーライティングの技巧にばかり注意が向いてしまい、その先にいらっしゃる「人間」のことに意識が向かなくなってしまっているのです。様々なツールを使いこなそうとして、逆にツールに振り回されてしまっているように、私には感じられました。

「集客」とはつまり、人が集まることです。主催者とお客さまという関係であっても、**それが人間関係であることに違いはありません。**そういう根本的なことを忘れてノウハウに溺れてしまったら、上手くいくはずがありません。

そのことに気づいたから、私は言わずにいられないのです。どうか、集客をノウハウやテクニックに頼らないでください、と。

「集客しなきゃ」。そのことばかりに一生懸命になってしまうと、まるでお客さまひとりひとりがコップやお皿のように、あるいはペンやノートのように、モノとしか思えなくなってくることがあります。ひどい場合は、お客さまのことをお金としか考えられなくなることもあります。

私もそうでした。集客地獄に陥って精神的に追い詰められているときには、お客さまは人間ではなくモノ、あるいはお金。だからとにかく〝掻き集め〟なければならない、と必死になってしまうのです。

でも、そんな状態でいくら集客ノウハウやテクニックを駆使しようとしても、上手くいかないいんですよね。上手くいかないから焦る。焦るからますますテクニックに頼ろうとする。経験のある人ならおわかりだと思いますが、この連鎖はとても苦しいものです。いつまでこんなつらいことを続けなければいけないのか。いつになったらこの苦しみから逃れられるのか――。

はっきり言います。集客ノウハウやテクニックに振り回されているうちは、集客は上手くいきません。

じゃあどうしたらいいのか。

そのヒントをお伝えしなければ！ という思いで、私はこの本を書く決意をしました。

「集客」は、人を集めることなのです。どうか、ノウハウやテクニックに頼る前に、お客さまと向き合ってください。人と向き合ってください。

お客さまは、あなたから良い商品や良いサービスを求めているように思うかもしれませんが、実はお客さまが本質的に求めているのは、そこではありません。あなたの商品から、あなたのサービスから、どんな**感情**を得られるのか、その商品やサービスを買うと、どんな**気分**になるのか。どこが満たされるのか。そのほうがよほど大事なんです。その点に気づいて欲しいのです。

お客さまの感情を理解して、その感情を動かすことができれば、**お客さまは自然に行動してくれます。**つまり、こちらから必死で売り込みをしなくても、お客さまが自発的に動いてくれるのです。商品やサービスを購入してくれるばかりではなく、あなたのサポーターとなって、別のお客さまをご紹介くださったり、あなたに代わって集客してくれたりするんです。**お客さまの感情を動かす**ことができれば、そういうことも可能になるんです。

それができたら、あなたは集客の苦しみから解放されますよね？　つらさなど感じることもなく、楽しく人を集めることができるはずです。

私は、あなたを集客の苦しみから救いたい。そう思います。

繰り返しになりますが、メルマガやブログも、ＦａｃｅｂｏｏｋやＴｗｉｔｔｅｒなどのＳＮＳも、名刺やホームページなどのＰＲツールも、どれも集客には有効だし必要なものです。どんな言葉でお客さまに伝えるか、コピーライティングのテクニックも、決して無視できるものではありません。

けれど、その使いこなしテクニックに振り回されるところから一旦離れて、どうかこの本1冊分の時間だけ、私の話を聞いてください。

お客さまの感情にフォーカスすれば、お客さまは自分で動いてくれます。無理せずに、お客さまとの大切な関係を構築できるようになるのです。そうなったら

売り込まなくても結果が出るようになります。

それがどんなに、ビジネスをスムーズにするか。どれだけあなたの人生もお客さまの人生も豊かにするか。

そのことを、集客に苦しむあなたに是非知ってもらいたいのです。

CONTENTS

第2の感情：繫がりたい（愛されたい） …… 135

1章

なぜ、感情を動かす必要があるのか

人は、理性より先に感情が動く

本編に入る前に、ひとつ質問をさせてください。

Q：あなたは、学生時代に勉強が好きでしたか？

この質問に、迷わず「Ｙｅｓ!!」と答えられる人は、そんなに多くはないのではないでしょうか。っていうか、そんな人いるんでしょうか。少なくとも、私自身を含め、私の周りではちょっと見当たりません。もちろん世間は広いので、世界中をよく探せば、どこかにそういう人もいるのかもしれませんが。

では、別の質問をします。

Q：あなたは、学生時代に自分の趣味に費やす時間を楽しいと感じましたか？

今度はどうでしょう？

「自分の趣味」ですから、内容は何でもかまいません。プラモデル作りかもしれないし、音楽を聴くことかもしれません。マンガを描くこと、お菓子を作ること、美味しいものを食べること、何かスポーツをすること、読書をすること——人によって、様々な趣味があるかと思います。

学生時代に、そういう趣味にかかわっている時間を、楽しいと感じたでしょうか？　おそらくほとんどの方が、先ほどの「勉強」の質問とは逆で、楽しいと感じた、と答えるのではないでしょうか。

では、もうひとつ質問。

Q：学生時代、勉強している時間と趣味の時間では、どちらが短く感じました

か？

……愚問ですよね。よほどひねくれた人でない限り、勉強の時間よりも趣味の時間のほうが短く感じたと答えることでしょう。それがプラモデル作りであれ、音楽を聴くことであれ、スポーツをすることであれ、好きなことをしている時間はただただ夢中に過ぎていって、あっという間に時間がたってしまった、という経験はきっと誰にでも記憶にあることだと思います。

反対に、勉強する時間、たとえば授業の時間などはとても長く感じて、もうそろそろ終わるかなと思って時計を見たら、さっき時間を確認してから5分しかたっていなかった、なんていうこともあるのではないでしょうか。

楽しい時間は早く過ぎます。つまらないと感じる時間は、なかなか終わってくれません。なのに、親や教師からは「趣味にばかり時間を割かないで、ちゃんと勉強しなさい！」なんて言われてしまうんですよね。

楽しいと感じられない勉強は、なかなかやる気が起きません。でも、楽しくて仕方がない趣味については、夜更かししたり早起きしたりと寝る間も惜しんで、あるいは、食事をするのを忘れてしまうほど、夢中になってしまうものではないでしょうか。

仕方ないんです。それが**人間の脳の仕組み**なんですから。

誰でも、学生時代に勉強をしたほうがいいということは知っています。でも、勉強したほうがいいといくら知っていても、じゃあ他のことをさて置いて勉強するか、っていうと——しないですよね？　それは私だけじゃありませんよね？

でも、好きなことで、楽しいと感じられる趣味の時間は、誰かから「やりなさい」なんて言われなくても、自ら進んで勝手にやってしまいますよね？　好きなこと、楽しいことをするためだったら、まるで体が勝手に動くかのように、早起きができたり、食事をしなくても平気だったり、しちゃいますよね？　これも、きっと私だけじゃないと思います。いくら理性でわかっていても、だめなんです。それは行動を後押しする大きな力には、なりにくいんです。

脳の仕組み

ここで、人間の脳の仕組みを改めて見てみましょう。

人間の脳は頭蓋骨で保護されていて、大きく「大脳新皮質」「大脳辺縁系」「脳幹」の3つにわけることができます。これを、新しい脳、古い脳、原始脳、という言い方をしたりします。脳の表面を覆っている厚さ2~3ミリ程度の薄い細胞の層は、「大脳新皮質」と呼ばれていて、「前頭葉」「側頭葉」「頭頂葉」そして「後頭葉」の4つに大きくわけることができます。この新しい脳は、知覚や思考、自発的行動を司る「知性」や「理性」の働きをしています。私たちが普段、物事を処理しているのは主にこの「大脳新皮質」という部分の働きによります。

「大脳新皮質」の内側には、古皮質、または旧皮質と呼ばれる「大脳辺縁系」があります。ここは扁桃体や海馬で構成されています。古い脳とも呼ばれるこの部分は、怒りや喜び、不安などの本能に基づく情動行動や、個体の維持と種族の保存に関係した働きをします。

扁桃体は、強いストレスを受けているときの記憶が蓄積される場所。怒りや恐怖、闘争のような、脅威にさらされたときの精神状態を作り出します。ここで蓄えられる記憶は、イメージの形で蓄えられます。

「間脳」や「脳幹」「小脳」などは「原始脳」とも呼ばれます。もっと原始的な、生命維持に関係する部分です。「間脳」は自律神経系の働きを統合して、体温の調節や、食欲、性欲などの本能的な行動をコントロールしています。「小脳」は手足の複雑な動きや身体の平衡感覚を保ち、「脳幹」は呼吸、心拍、姿勢などを司っています。

つまり、「理性」や「思考」は表面にある新しい脳である「大脳新皮質」の部分に関係し、「感情」については、古い脳である「大脳旧皮質」がかかわっています。また、もっと動物的なというか、生き物としての本能的な働きに関しては、原子脳とも言われる「間脳」や「脳幹」「小脳」が関連しているのです。

図を見ていただくとわかりやすいでしょうか。

より内側にいくほど、動物的な本能に近づき、より外側に向かっ

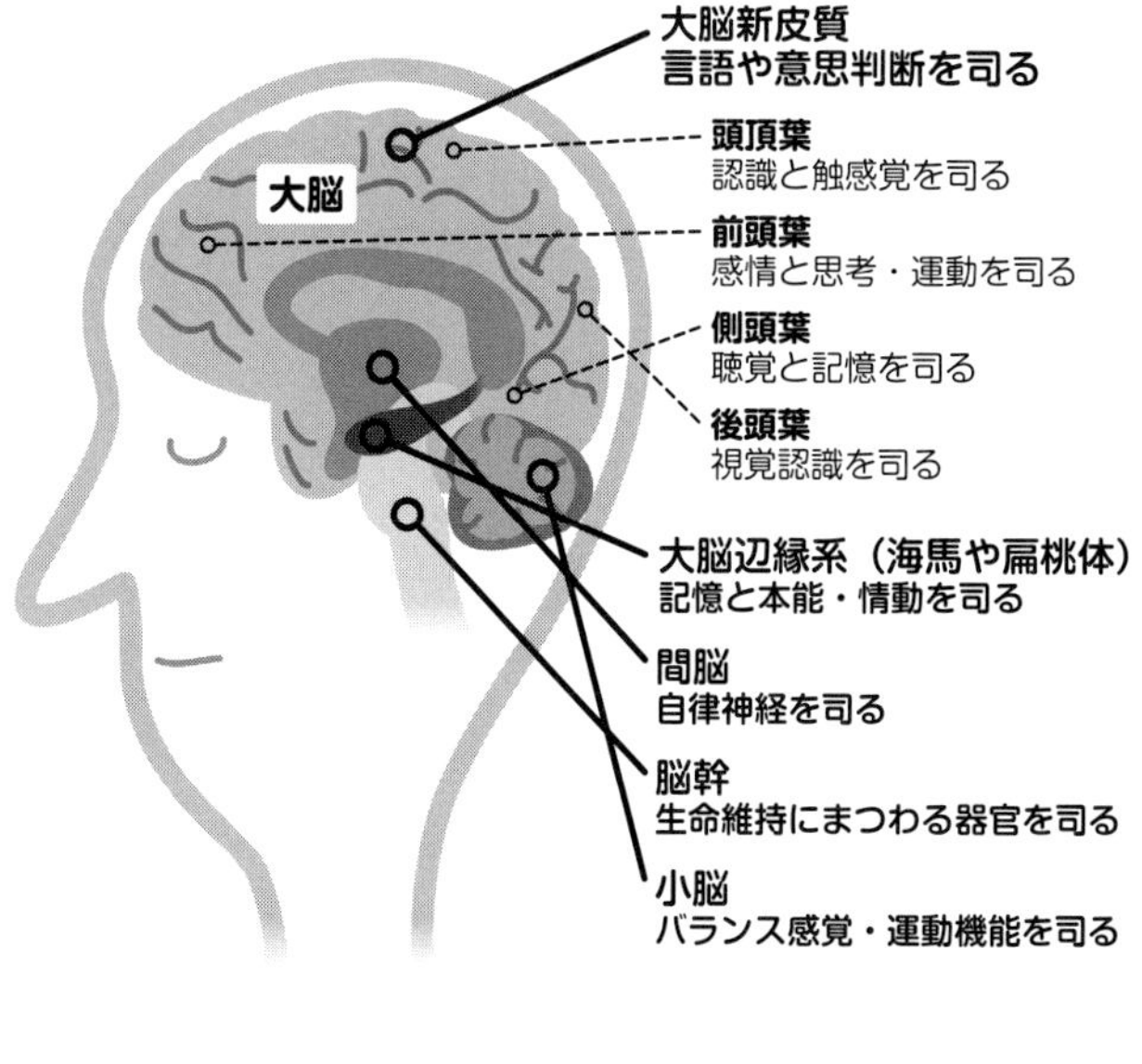

大脳新皮質
言語や意思判断を司る
頭頂葉
認識と触感覚を司る
大脳
前頭葉
感情と思考・運動を司る
側頭葉
聴覚と記憶を司る
後頭葉
視覚認識を司る
大脳辺縁系（海馬や扁桃体）
記憶と本能・情動を司る
間脳
自律神経を司る
脳幹
生命維持にまつわる器官を司る
小脳
バランス感覚・運動機能を司る

ていくと、理性や思考に関することになっていきます。脳の構造で見ると、内側に近い部分ほど強い衝動を呼び起こすことがわかると思います。

だって、まずは生命の維持が図られてからじゃないと、何も始まりませんよね。いくら立派なことを考えていても、個体の生命が危機にさらされていてはどうにもなりません。だからまず、動物として、というか、生き物としての**「本能」**が満たされていることが第一になります。

その次に**「感情」**です。好きだとか嫌いだとか、心地よいとか不快だとか、そういったことが関わってきます。いきものとしての「本能」の次は、「感情」を満たしてあげることが必要になってきます。

最後にようやく**「理性」**です。いきなり「理性」だけ満たそうとしても、上手くいきません。まず「本能」が満たされ、次に「感情」が満たされて、その上でやっと、「理性」や「思考」に到達できるのです。

食べ物のことで説明するとわかりやすいでしょうか。

究極におなかが空いているときには、安全に食べられるものだったら、なんだって美味しく食べますよね。いや、実際には美味しいなんて感じる余裕なんてないかもしれません。とにかくおなかを満たすことがまず重要です。

ある程度おなかが満たされると、この食べ物は好きだとか嫌いだとか、味が好みで美味しいとか、不味いとか、そういった判断基準が入ってきますよね。満腹感と満足感は違う、なんて言う人もいます。

逆に考えると、おなかが満たされていない状態、生き物として生命の危機にあるような状態では、味がどうだとか、好きだとか嫌いだとか、そんなこと言わずにとにかく食べないと死んでしまいます。食べられるものがあるだけありがたいわけですから。

生命の危機から脱すると今度は感情を満たしたくなるのです。どうせ食べるなら美味しいもの。そのことに反論する人はいないでしょう。

美味しいものを食べて心が満たされる状態だとわかると、今度は、「せっかく食べるのだから身体にいいものを……」とか「同じような食事なら安上がりでお得なほうにしよう」などという思考が働きだすんですよね。

食事が身体を作るんだったら、より健康でいられるほうがいいわ、っていうことで、トランス脂肪酸は避けようとか、サラダ油じゃなくてココナツオイルにしようかしらと冷静に考えることができるのも、理性が働いているからこそ。美味しくないものを食べ続けていて味に不満のある人は、そんなふうに冷静に健康について考えながら食材を選んだりしません。ましてや、飢餓状態にあって生命の危機に瀕している人が、白砂糖はダメ、黒糖かはちみつにしてくれなきゃイヤ！

なんて言いません。

つまり、生命維持ができる状態であったら、**理性よりもまず感情を先に満たすことを考えたほうがいい、そのほうが人は動く。**それが人間の脳の仕組みなのだから、ということなのです。

テクニックやノウハウを使う前に、感情を動かしましょう、というのは、まさにそういう理由からなのです。

いくらテクニックを使って「これいいよ」「こんなにすごいものなんだよ」って伝えたとしても、**感情の部分に触れることがなかったら、人は動かない**んです。だから、まず先に感情を動かしていこう、と、私はあなたに伝えたいのです。

人は、その先にある感情を得たくて行動する

理性・感情と行動に関連することで、有名な例があります。

愛煙家の人が、禁煙をしようとしますが、なかなか禁煙に成功しません。2、3日は意志の力でなんとか我慢をしますが、その我慢がどうしても長続きしません。本人は、健康にも良くないし、お金もかかるし、タバコはもうやめたほうがいいと思っているにもかかわらず、我慢がほんの数日間しか続かないのです。

こういうとき、タバコをやめられない理由は、タバコそのものにあるのではない、ということなんですね。

では本当の理由は何か。

「タバコを吸うことによって得られるもの」があって、それを手離すことができないから、潜在意識的にタバコをやめることができないのです。たとえば、この人はタバコを吸うことによって、自分がカッコいい大人であるという自己イメージを得ているとしましょう。そんなときには、何か、タバコを吸わなくても自分がカッコいい大人であるという自己イメージが得られるようなものを与えると、タバコをやめることができるのです。大脳旧皮質のレベルで満足感を得られれば、それを得るためのツールであるタバコは、必要なくなってしまうのです。

もうひとつ、別の例を挙げましょう。

「あなたの夢は？」と訊かれて、「ハワイに住むこと」と答えた人がいます。でも、ハワイに住めばその人の夢が叶ったことになるのか、というと、ちょっと違うようです。

えっ？　だって本人が「夢はハワイに住むこと」って言ってるんだし、そういう人がハワイに住んだら、それは夢が叶ったことになるんじゃないの？　って、一瞬誰でも思いますよね。

けれど、想像してみてください。

たとえば、ハワイに住むことになったものの、お金がなくて、健康状態も悪くて、家から一歩も外に出られないような事態になっていたら。あるいは、誰かから常に監視されて身動きができない状態になっていたら。どうでしょう。それでも「ハワイに住んだんだから、夢が叶ったんじゃない？」って言えますか？

夢として描いていたものが実現しても、そんな不自由な生活では、「夢が叶った」とはちょっと言い難いですよね。その人が「ハワイに住むこと」を夢に描いたのは、暖かいところでのんびり過ごしたかったからかもしれないし、日本での様々なしがらみから解き放たれて自由になりたかったからかもしれません。

だとしたら、それが実現しない限りは、いくら物理的にハワイに住んだとしても「夢が叶った」とは言えないんじゃないでしょうか。

なぜ「ハワイに住むこと」が夢なのか。それは、ハワイに住むことを実現させることによって、**得たい感情がその先にある**、ということなんですね。

これは、**どんな消費行動にも共通しています**。お客さまは、あなたから良い商品や良いサービスを求めているように思うかもしれませんが、実はお客さまが本質的に求めているのは、そこではありません。あなたの商品から、あなたのサービスから、どんな感情を得られるのか、その商品やサービスを買うと、どんな気分になるのか。どこが満たされるのか。そのほうがよほど大事——というのは、まさにこういうことなんです。

「幸せになりたい」「成功したい」というのは、誰もが願うことです。けれど、その「幸せ」や「成功」を突き詰めていくと、その人が幸せになった先に得たい感情があるから幸せになりたいのであり、成功した先に得たい感情があるから、それを手に入れたい、ということだと思うんです。それに気づかずに、具体的なゴールだけを設定してそこを目指しても、そのゴールに到着したところで、むなしい気持ちを抱えたままでは、幸せとは思えないし、成功とも感じられませんよね。

感情は、絶対に切り離せません。大事なのは感情です。

そこを満たしてあげないことには、幸せも成功もありません。それだけ、感情というのは、人を動かす大きなファクターになっているのです。だからこそ、お客さまの感情を満たしてあげることが、お客さまが動くいちばんの動機になるんです。感情の重要さ、そして、お客さまの感情を満たしてあげることの重要さに、まずは是非気づいてください。

「好き」と思ってもらえれば何でも売れる

ここでまた、質問をさせてください。

Q：あなたは、冷たいビールとぬるいビールのどちらが美味しいと思いますか？

これはもしかしたら、生まれ育った背景や文化によって、多少違いが出てくるかもしれませんね。海外では、ぬるいビールのほうが好まれるという例もありますし、実際に、あまり冷やさないほうが美味しく感じられる種類のビールもあります。ですが、ここは一般的に、高温多湿の日本でのことを考えてみてください。

特に、暑い真夏。1日外回りで汗をかいて、くたくたになって、でもいい仕事ができたという達成感もあって――。そんなときに「自分にごほうび」の意味も込めておつかれさんの一杯。缶ビールでも瓶ビールでも、あるいはジョッキにたっぷり注がれたビールでもいいでしょう。蒸し暑くて、ノドはカラッカラ。お待ちかねの黄金色の液体をノドに流し込んで……ぷはぁ！

そんなシチュエーションで飲むビールのことを思い浮かべてください。

冷たいビールとぬるいビール。あなたはいったい、どちらのほうが美味しいと感じるでしょうか。

日本で、蒸し暑い中で——と考えると、おおかたの人が「冷たいビールのほうが美味しいに決まっているじゃないか」と答えるのではないでしょうか。なかには「そんなこと聞くまでもない話なのに、何を言っているんだ」と思う方もいらっしゃるかもしれませんね。

では、もうひとつ質問しますよ。

Q：あなたが嫌いな、口うるさくて陰気で臭くて怖い上司と一緒に飲む冷たいビールと、あなたの超好みのタイプの、素敵な人と飲むぬるいビールでは、どちらが美味しいと思いますか？

さて、いかがでしょう？

先ほどと同じ「冷たいビール」と答えた人はいますか？

おそらく、よほど奇特な方でなければ、「素敵な人と飲むぬるいビール」を選ぶのではないでしょうか？

お気づきですか。**これが「お客さまの心理」なんです。**

冷たいビールがいいな、と思っていても、それを嫌いな人と一緒に飲むとなると、一挙に魅力がなくなってしまいます。そのくらい、感情って大きな影響を持っています。ノドから手が出るほど欲しかったものでも拒否してしまうくらい、感情には威力があるんです。

逆に、それ単体で考えたら決して魅力的ではないもの、先ほどの例で言うと、蒸し暑い日本で真夏に飲む、気の抜けたようなぬるいビール。なのに、めちゃくちゃ自分の好みの素敵な人が「ごめんね、こんなビールしかなくて――でも、あなたと一緒に飲みたかったんです♡」って言ってきたら、どうですか？　たとえぬるくたって、そのビールは特別な味がしますよね。そのくらい、「好き」って重要なんです。

どう考えたって、ぬるいビールより冷たいビールのほうが美味しいはずです。けれど、「好き」という感情は、理性的な判断を逆転させてしまうくらいにパワフルです。その理由は、先ほどの脳の仕組みを考えれば、おわかりいただけますよね。

「好き」とは

どんなものが好きか、については、人それぞれ好みの違いがあるので一概には言えないでしょう。でも、「好き」とはどういう状態のことを言うのか、というのは、ある程度誰にでも共通したものがあるのではないかと思います。

たとえば、「好き」になると、その人にまた会いたいな、と思うようになります。

また会いたいな……

もっと話したいな……

もっとその人のことを知りたいな……

喜んでもらいたいな……

なんだか、初恋を知ったばかりのティーンエイジャーのようですね。でも、恋をすれば誰だってこういう気持ちになるものではないでしょうか。

しかしここでいう「好き」は、決して恋愛感情に限定した話ではありません。家族だってそうだし、友だちだってそうでしょう。話をしていてラクな人、というのもそうでしょうし、憧れの存在と言える人だってもちろん「好きな人」の範疇に入っているはずです。

しかし人間というのはちょっと複雑で、基本的には好きな人なんだけれど、ちょっと嫌なことがあったり、自分に都合が悪くなると、その人に会いたくなくなったり、話したくなくなったり、その人を否定してしまいたくなったりします。

逆に、基本的にはあまりいい印象を持っていない人でも、自分の利益になるようなことをしてくれたり、自分に好意を示してくれたりすると「ひょっとしていい人かも？」なんて思って、その人のことを受け入れやすくなったりもするんですよね。

「好き」や「嫌い」という感情はとてもパワフルなのに、そんなふうにほんのちょっとのことで変化したりもするのです。それはきっと、誰にでも経験があることではないでしょうか？パワフルなのに、ほんのちょっとで変化する。だからこそ、この「好き」「嫌い」という感情に注目してもらいたいんです。

好きになってもらうのは、最初はちょっと時間がかかるかもしれませんが、実はそんなに難しいことではないんですから。

「好き」を作れたら、生涯顧客になる

相手に自分のことを好きになってもらう、というのはつまり、

また会いたいな……と思ってもらう
もっと話したいな……と思ってもらう
もっとその人のことを知りたいな……と思ってもらう
喜んでもらいたいな……と思ってもらう

ということです。

そういう状態になっていれば、たとえば、あなたがその人に勧める商品やサービスをそのときに直接購入しなかったとしても、

「今、私には必要がないから買わないけれど、そういえばうちのお母さんがそういうの必要だって言ってたから、勧めてみるね」
なんて、別のお客さまを紹介してくれることだってあり得ます。あなたのことが好きだから、何かの形で役に立ちたいと思ってくださるんですよね。実にありがたいことです。

「好き」という感情になってもらうことが、実は、集客にしてもセールスにしても、最大のポイントです。

「好き」という感情を抱いてもらったあとに、理性にアプローチをする。まずは「好き」になってもらって、そのあとで、メリットやベネフィットを伝えていく。それがいちばん無理のないやり方なんです。
あなたのことを「好き」になってもらえたら、そのお客さまは**「生涯顧客」**の候補になります。

「生涯顧客」。それは、生涯を通してずっと買い続けてくれる人。ちょっと興味があるからとフワッとやってきて、それほど触れ合うことなくサラッと去っていくような、浮遊客とは対極の存在です。「生涯顧客」のお客さまは、もしかしたらご自身がそれほど必要としていないものだとしても、あなたが勧めたら「それいいな」と思って買ってくださる可能性すら秘めています。そのくらい、あなたのことを信用して、信頼しているお客さまなのです。

あなたが勧めるものだったら、魅力的に感じてしまう。
あなたから買って、あなたを喜ばせたいと思ってしまう。

物があふれた時代のビジネスは、そんなふうにお客さまとの関係性を築いていくのがベストだと、私は考えています。

相手を受け入れることで、「最大の敵」は「最大の味方」に変わる

脳の仕組みと、感情と理性について大まかに理解いただいたところで、少し私自身の話をさせてください。

現在、セミナーに特化した集客コンサルタント、ビジネスプロデューサーとして活動している私ですが、もともとマーケティングにがっつりと取り組んでいたわけではありません。

「はじめに」のところでも少し触れましたが、私が社会人として最初に就職したのは、カラオケのコンサルティング会社でした。その会社は1年で辞めてしまいました。

次に転職したのが、マンションデベロッパーでした。そこには8年勤めました。

この会社で、私はコミュニケーションや人間関係を磨かせてもらいました。

その会社には、いわゆるお局様がいました。年齢はもちろん、私よりずっと上です。そして、決して仕事熱心だったり、仕事ができる人というわけではないのですが、とにかく同性に対してのあたりがきついのです。

それまで私は、学校の先生や両親などが私に厳しいことを言ってきても、それが愛情ゆえだということは理解できましたし、先生や両親を尊敬していましたから、疑うことなくその指導を受け入れることができました。

けれど、そのお局様については違いました。生まれて初めて、尊敬もできなくて、好きでもない人から厳しい扱いを受ける、そんな経験をしたんです。

自分で言うのも何ですが、私は根が真面目なので、初めのうちは、そのお局様に怒られるのは私が悪いのだと思っていました。だから、悪いところを直そう、いろいろ改善しようと思って一生懸命考えて、自分を振り返り、工夫をしようとしました。

けれど、それが無駄なことはすぐにわかりました。
お局様の厳しい指摘には、一貫性がないのです。

今日はあのことで怒ったけれど、次の日には同じことがあっても怒らなかったり。かと思えば、私がやってしまってあんなにカンカンに怒っていたことをその翌日には自分がしていたり。本当にちょっとしたことなんです。たとえば給湯室で、洗い終わった各自のマグカップをどこにどう置くかとか、そういうレベルの話なんです。筋が通らないじゃないか、と、私は思いました。

ですが、そのお局様をよく観察していたら、あることに気がついたのです。

お局様は、**単に機嫌が悪いから怒っているだけ**なんですね。
私が何か工夫をしたところで、解決できる話ではなかったんです。

そのことに気づいてからは、ちょっぴり諦めの気持ち混じりでお局様に接していました。日々、バトルが何かと発生します。そのたびに、私は「もうこんな会社辞めてやる！」と秘かに思い、何度も会社のトイレで泣いていました。せっかくご縁があって入社した会社なんだから、ともかくあと3か月頑張ろう、6か月になるまで頑張ろう、あと1年頑張ろう……そんな感じで毎日を過ごしていました。

そんなあるとき、お局様が3日間くらい体調を崩して会社を休んだんです。風邪をこじらせて、熱が下がらないのだとか。そのお局様は独り暮らし。嫌な人だけれど、独り暮らしで熱を出して寝込んでいたら、買い物にだって行けないだろう。ちゃんと食べているんだろうか。食べなきゃなおさら回復しないいんじゃないいかな……？　そんなふうに思った私は、食べ物を買ってお局様の家をたずねました。彼女が好きなデパ地下のお惣菜があって、ランチのときにいつもそれを食べていることを、私は知っていましたから、それを買ってお見舞いに行ったのです。

いつものように、怒鳴られるかな、嫌味を言われるかな、って、ちょっとだけ心配でした。余計なお世話って思われたらどうしよう、って。でも、お局様は泣いて喜んでくれたんです。やはり、食事も満足にできていなかった様子で、なにより独りで寝込んでいることが心細かったのでしょう。

そこから、私とお局様との関係が変わってきました。いろいろな話をするようになりました。

あるとき、お局様がこんな話をしてくれました。彼女がまだ小さい頃の話です。彼女のお父さんはずっと病弱で、お母さんがずっと病院でお父さんにつきっきりだったそうです。そのため、彼女は幼い頃から親せきの家に預けられていました。まだ小学校に上がるか上がらないかくらいの頃の話です。
親せきの家で彼女は、今でいう虐待に近い扱いを受けていたそうです。学校から帰るとすぐに掃除をさせられるのは毎日のこと。その家に年の近い子供がいたそうですが、晩御飯のおかずはその子と全く違うものを食べさせられ、当然好き嫌いなんて訊いてくれません。そんなに酷い虐待ではないかもしれませんが、子ども心に傷つくのはよくわかります。

彼女が同僚や後輩につい厳しくつらく当たってしまう背景が、なんとなくわかったような気がしました。自分の力ではどうしようもないときにそんな目に遭ったら、性格的に不安定になってしまうのも、仕方のないことだったのでしょう。意識するとしないとにかかわらず、彼女は周囲につらく当たることで、自分を守っていたのかもしれません。

理由がわかると不思議なもので、私の中で何か腑に落ちる感覚があり、その感覚を得たときから、彼女のことを許せるような気持ちになっていきました。そうすると、さらに関係が変化して、以前とは全く違ってごく普通に彼女と接することができるようになったんです。

厳しいお局様も、本当は誰かに受け入れられたかったし、味方が欲しかったんですね。私の態度が変化したせいかどうか、本人に確認したわけではありませんが、入社当時は私のことをいちばんの敵！　ってくらいに扱っていたのが、いつしか私にとっての最大の味方に変わっていました。

そこに至るまでには、会社で本当につらい日々が続いていましたが、今になって思えば、その経験があったからこそ私自身のキャパシティを広げてもらえたような気がしますし、相手を受け入れることで関係性は変化するということを、身を持って学べたように思います。人生に於いて、人と人との関係性やコミュニケーションというのは、とても重要な問題であるということに改めて気づかせてもらいました。

このお局様との経験がなかったら、私はそのあと、経営コンサルタントの師匠と一緒に高額セミナーの販売をする会社を立ち上げても、決して上手くやっていくことはできなかったでしょう。

もちろん今は、お局様に感謝しています。

最初の気づきは小学校3年生

私が「ビジネスを成功させるには、感情を動かせばいい」と訴えたいのは、人と人との関係性やコミュニケーションが人生に於いてとても重要な問題だという思いがベースにあるからですが、そのことに気づいたのは、社会人になってからの経験だけがきっかけではありません。

もう少し深く、感情を動かすことの大切さ、人と人との関係性やコミュニケーションの大切さを知っていただくために、あと少し私自身の話を続けさせてくださ い。

「そんなことはいいから、早く集客のコツを教えてくれ」と思っている人もいるかもしれません。コツに関しては、2章から少しずつお話していきますので、待ちきれない人はここを飛ばして先に2章に進んでください――というのは、絶対にお勧めできません。

だから、最初から言っているじゃないですか。ノウハウやテクニックに頼って何とかしようとするのは、辞めてください。

「集客」とは、人が集まること。人と人との関係性やコミュニケーションの重要さをきちんと落とし込んでからでないと、ノウハウやテクニックに走っても、望んだ成果は得られませんから。

私がコミュニケーションの大切さに気づけたのは、私自身が、小さい頃にコミュニケーションや人間関係でとても悩んだ経験があるからだと思っています。

もともとひとりっ子で、両親の愛情を受けて奔放に育っていました。それがゆえに、集団生活がとても苦手でした。幼稚園の頃はまだ、半分遊びみたいなものですから何とかなったんですが、小学校に入ってからは、集団行動にまったく馴染めていない自分に気づきました。

集中力がなさ過ぎて、授業中には足をプラプラ。隣の子に話しかけて先生から怒られるのは日常茶飯事。廊下側の席に座っているときに、廊下に野良犬が入ってきたことがあったんですが、それを見て大興奮。授業中にもかかわらず、「犬がいるぅ――!!」って立ち上がって犬を追いかけに廊下に出てしまう……というありさま。ちょっと変な子だったんです。

だから、若干クラスの中でも浮いていて、友だちの気持ちを理解することも難しいような状態でした。

女の子は、小中学生の頃ってよく徒党を組んでグループで行動しますよね。それが理解できなくて、何でグループを作るんだろう？　何でみんなと同じことをしなくちゃいけないんだろう？　って思っていたり、友だちを怒らせてしまったときに、なぜその子が怒るのかがわからなかったり。なんだか馴染めないなぁというのを感じていました。

私がそんなふうに思っていることを、クラスメートが敏感に感じ取ります。私のことを、ちょっと付き合いにくい子だなぁと、だんだん避けるようになっていったんですね。気がつくとひとりのけ者にされていたときもありました。

そのときの私は、どうしてそうなるのかがわからなくて、寂しくて、人生で初めての挫折のような感覚を覚えました。小学校の低学年にして、人間関係の難しさを味わってしまったのです。

とはいっても、もともと楽観的な性格なので、登校拒否になったりはしなかったし、見た目にはあっけらかんとしていたと思うのですが。

でも、内心は寂しさでいっぱいでした。どうやったらみんなと仲良くなれるのかな？　仲間外れにならず、人気者になるにはどうしたらいいのかな？　そんなことを一生懸命に考えるようになりました。今思えば、当時から分析好きだったんですね。

同じクラスに、ちなつちゃんという、とても人気のある女の子がいました。可愛くて頭もよく、性格もいいという完璧な子です。クラスの誰とでも仲良くできる彼女がうらやましくて、彼女みたいになりたいと思うようになりました。でも、どうしたら彼女のような人気者になれるのでしょう？

私は、こっそりとちなつちゃんのことを研究しようと思いました。きっと何か、人気者になれる秘密があるはずだと。

まずは毎日、彼女が学校でどんなふうに過ごしているか、よく観察することにしました。そうしたら、2つ、気がついたことがあったんです。

ひとつめ。その子は、いつもニコニコしていたんです。誰に対しても、とてもいい笑顔で接していました。見ていて気持ちよくなるような、とても素敵な笑顔でした。

ふたつめ。その子はいつも、ちょっとしたことでも「ありがとう！」って、感謝を言葉で伝えていたんです。

よし、私もこのふたつを実行してみよう。そう思って、誰に対しても笑顔で接し、ちょっとしたことでも「ありがとう」と言葉で伝えるように心がけてみました。

そうしたら……ちょっとずつ、私にも友達が増えていったんです。

なるほど。やはり「笑顔」と「ありがとう」は、大事なポイントなんですね。そのことに、小学校3年生にして気づくことができました。

それまでは、他人の顔色をうかがったり、感情を読み取るということができなかった、というより、ほとんどしたことがなかった私ですが、そこから少しずつ、相手の気持ちを考えることを始めました。相変わらず、よくわからないけれど、わからないが故に相手の感情の部分の変化に敏感になっていきました。小学校の間だけではなく、中学でも高校でも、大学でも、就職してからも、人の感情をよく観察するようになっていました。なるほど、こうすれば仲間外れにならないのか。なるほど、こうすれば嫌われないんだな、そんなテクニックを少しずつ身につけて行ったのがこの時期でした。

でも、テクニックだけに頼っても、ダメ。
そんなことを思い知ったのも、この時期でした。

「幸せ」や「満たされた気持ち」は、テクニックだけでは手に入らない

周りの人の感情の変化に敏感になって、顔色を見て、それと同時にさまざまな人づきあいのテクニックを身につけていった私は、中学2年生になる頃には人づきあいに困ることはなくなっていました。

けれど、どこか常に冷めていました。

相変わらず、グループで行動したがる女子の習慣には馴染めませんでした。以前とは違って、馴染めないからと言って打ちひしがれるようなことはなく、適当にやり過ごす術も身につけていました。けれど、やっぱりなんだか面倒くさい。男

子のほうがいいな、男の子に生まれたかったな。そんなことを考えながら過ごしていました。

身につけた人づきあいテクニックを駆使すれば、クラスの全員となんとなく仲良くなれるし、衝突することもない。だから仲間外れにされるようなこともない。そのかわり、特に仲のいい人がいるわけでもありません。こうやっとけば相手は喜ぶでしょ？　こうやっておけばトラブルにならないでしょ？　そういうパターンが確立されてきて、心の奥底では少し冷めた感じで周囲を見ていました。

そんなとき、転校生がやってきました。爽やかで、スポーツが得意で、性格も良い女の子です。転入するやいなや、すぐに彼女は人気者になりました。

彼女の名前は、タエコ。私はタエミ。名前が似ていることと、同じ陸上部に入ったことで、私と彼女の距離が一気に縮まっていったんです。

私たちはいろんな話をしました。お互いに家まで泊まりに行って、夜遅くまで話し込んだり、電話も、当時は今のように携帯でもスマホでもなく家電でしたから、親に怒られるくらい長電話をしたりして、たくさんたくさん、同じ時間を共有しました。

私にとっては、生まれて初めてできた「親友」でした。

彼女と出会ったことで、中学二年生にしてやや冷めきっていた感のある私の毎日が、鮮やかに色づいていったのを感じました。心が通じ合う友達がいることって、こんなにも楽しいんだ！　それは、私が生まれて初めて味わう、人とのかかわりの中で見つけた幸せでした。

まして、彼女は転入してきてすぐにクラスの人気者になるような、素敵な人です。みんなに人気の子が親友、ということも、私に特別な気持ちを与えてくれました。だって、あの人気者が私の親友なんですよ？　それだけで、まるで私自身の価値も一緒に高めてもらっているような気分でした。

タエコとは、その後別々の高校に進学しましたが、私たちの友情は続きました。高校の卒業旅行には、タエコとふたりでアメリカに行くほどの仲良しです。いまはちょっと離れたところに住んでいますが、それでも、たまに連絡を取り合うと、まるで一瞬にして時間を超えるかのように、昔と同じように夢中で話ができる相手です。

親友ができたことで、それまで面倒くさいと思っていたコミュニケーションが、とても楽しいものだと心から思えるようになりました。すると、タエコ以外の、他の人との付き合い方も変わってきたのです。面倒くさいから深入りはしないでおこう、そう思っていたのが、誰とでも心を開いて接することができるようになっていきました。

心を開いて接していくと、タエコと話をしていたときと同じように、心の深いところに触れる話もできるようになります。それができると、やはり、楽しいんですよね。面倒くささもなくなります。表面上でやり過ごす交流ではなく、きちんと人と向き合うことができる。それはとても素晴らしいこと。タエコとの出会いで、私はそれを学ぶことができました。

小学校3年生のときに初めの気づきがあって、それ以降はひたすらテクニックばかりを身につけていたのですが、ようやく心が追いついた。そんな感じでした。心が追いつくと、心でも周りと交流ができるようになるんですよね。心と心が触れ合う交流は、他の何物にも代えがたい喜びがあるのです。

この経験があったからこそ、私は、人と人との関係性やコミュニケーションが、テクニックよりも大事だということをいま確信できます。上手くやり過ごすためなら、テクニックに頼ってもいいでしょう。でも、もう一歩深いところまで踏み込んで、心と心の交流ができるようになれば、他では得られない幸せな気持ちや、満たされた感覚を得ることができます。

テクニックだけではダメなのです。テクニックはあくまで表面的な、小手先のものに過ぎません。そのことを、あなたにも是非気がついて欲しくて、ここまで、私の経験をちょっと長めにお話しました。

脳の仕組みを知った上で、人と人との関係性やコミュニケーションを無視してノウハウやテクニックに走っても、結局は上手くいきません。ノウハウやテクニックを使うのであれば、先に相手との関係性を築くことが大事だということを、あなたに知ってもらえたら幸いです。

私がなぜ、1万5000人を集客し、55万円の高額セミナーを530本以上も販売できたのか

お局様とのやりとりで人間関係を磨いたマンションデベロッパーの会社には8年勤めました。次は単に別の会社に転職するよりも、自分で何か、独立起業したいと考えていました。

そこで私は、勉強のため、そしてチャンスをつかむために、あちこちの異業種交流会に出掛けました。「ただのOL」なんていう職業はない、とよく言われますが、誰にでも代わりができる仕事はなんとなく「ただのOL」と、自虐的に言ってしまいたくなります。私は「ただのOL」でいたくなかったのです。定時でも1日8時間働くと考えると、起きている時間の約半分を仕事をして過ごすことに

なります。つまり、人生の大部分を、仕事をして過ごす計算になりますよね。

だから、私は、佐々妙美だからこそできる仕事、そして、人生が充実するような、情熱を持って取り組める仕事を求めていました。

そんなときに出会ったのが、師匠である経営コンサルタントです。その人の話を聴いたとき、胸の奥からとめどなく、熱いものがこみ上げてくるのを感じました。居ても立ってもいられない気持ち。この話を、もっともっとたくさんの人に聴いてもらわなきゃいけない！　そんな気持ちに、自然と駆られていきました。

それがきっかけで、私はセミナー業界に入りました。

尊敬する師匠との二人三脚で起業。とにかくこの人の話をいろんな人に聴いてもらいたい、この話はそれだけの価値があるのだから――。その使命感で、私はひたすら突っ走りました。

最初のうちは、その情熱が後押しをしてくれました。セミナーにはそこそこの参加者があり、私は充実感を覚えていました。

ところが……セミナー業を仕事として行っている以上、それをずっと、続けなければいけません。

開催していたのは、受講費が55万円という高額セミナーです。それを3か月で1クールの開催。つまり3か月ごとに必ず開講するという流れですから、ずっと集客を継続していかなければなりません。しかも、最初は地元である関西での開催だけでしたが、その次の期からは関西に加えて東京・名古屋・福岡でも開催。年間で数えるとかなりの数になります。すべてを3か月ごとに開講というのはさすがに物理的にも難しいものがあったので、関西と東京で年に4回、名古屋と福岡は年に2回、というスケジュールにしましたが、それでも年間で最低でも12本の講座を開催することになります。

1回の講座にだいたい参加者が12名～15名。12本の講座に毎回15人ご参加いただくと考えると、単純計算で年間180人ですよね。

180人の方がいきなり、55万円の講座に申し込んでくれるなんていうことは、ほぼあり得ません。180人を集めようと思ったら、先に体験セミナーを開催して、まずそれに参加していただくというのがよくある手法です。体験セミナーで講座の真髄を少し味わっていただいて、その上で高額セミナーへのお申し込みを検討いただく、という形です。

つまり……。

わかりますか。集めればいいのは年間180人、ではないのです。だいたい、体験セミナーにご参加いただく中から、本編である高額セミナーにお申込みくださる方は何割かです。だから、高額セミナーの定員の、何倍、何十倍の数の参加者を、体験セミナーに集めなければいけません。

師匠と始めたそのセミナー会社は、最初はスタッフも私以外にいないような状態でしたから、ほぼ私がメインでずっと集客をしてきました。1か月に、少ないときで60人、多いときだと120人くらいだったでしょうか。その数をコンスタントに集めなければ、商売として成り立たないような状態だったのです。

さすがにこれには、私も疲弊してきました。まさに寝ても覚めても集客のことを考えるような状態で、ふらふらになっていきました。師匠のノウハウを多くの人に伝えたい。その情熱だけで走ってきたものの、疲れ切った状態では上手くいくはずがありません。

なんとかこの「集客地獄」から抜け出さなければ。

そう思って、まず集客が上手くいっているときといないときの違いを探しました。そして、上手くいっているときの要素をノウハウとしてまとめて、セルフコピーするかのように自分自身でそれを再現してみました。

ひとまず、上手く行きました。

そしてそのノウハウを、私自身もセミナーでお伝えするようになりました。しかし、集客セミナーを受講いただいた方の中には、そのノウハウやテクニックをそのまま実行しても、上手くいく人と上手くいかない人がいました——というのは、「はじめに」でお話した通りです。

そこで私はさらに、ノウハウやテクニック以外の面で、上手くいくときにはどんなことが起こっているのか、いまイチなときはどういう状態なのか、それを分析しました。私自身のことばかりでなく、いろんな人たちのケースについて、徹底的に調べました。

そこで、やっとわかったのです。

それまで集客が上手くいっているときには、ノウハウ以前に、共通したことが起きていました。

上手くいっているときは、受講者の方と人間関係をしっかり作れたときなのです。人間関係がちゃんと構築できているときには、そのまま継続してお客さまになってくれる確率が高くなるのです。

人間関係がきちんと構築できていれば、たとえそのときは買わなかったとしても、その後もずっと関係性が続いて、たとえば1年後に「あのとき教えてくれてすごく感動したんです。ようやく準備ができたから行きます」と、改めて受講を検討してくださることだってあるんです。

お客さまを、単なる「数」として認識しない。ひとりひとりときちんと関係性を築く。そのほうがはるかに、本当の意味で集客ができるようになるということを感じました。

さらに、私が自分ひとりでの集客はもう無理だ、と、投げ出してしまいそうになったとき、助けてくれたのが、お客さまだったんです。その人自身も受講生であるにもかかわらず、どんどん他のみなさんを紹介してくださるんです。

正しく人間関係が構築できていれば、そういうことも可能になるんだ、って、気づかされました。

そのことに気づいてからは、意図的に、お客さまが集客の手伝いをしてくださるような関係づくりもするようになりました。そんなに大げさな話ではないんです。既に受講されているお客さまが、まるで営業マンとなり、ＰＲマンとなり、クチコミを広げてくださって、どんどん情報が広がっていくようにしたのです。

その仕組みが上手く構築できれば、あとはもう半自動的に、その講座の集客ができるようになっていきます。こちらから、既に受講されている方に投げかけを行うだけで、あとはみなさんが、それぞれの人脈で講座の宣伝をしてくださるのです。

「感情集客」の柱は、そういうことなんですね。

お客さまが求めているのは、もちろん良い商品であり、良いサービスであるのですが、決してそれだけではありません。お客さまが本質的に求めているのは、その商品、そのサービスから得られる「感情」なのです。

その「感情」を満たしてあげることができさえすれば、お客さまは買ってくれたり、動いてくれたり、誰かを紹介してくれたり、クチコミを発生させてくれたりするのです。

「感情」を満たす。
実は、そこがいちばん重要なのです。

1回きりで終わらない集客をするには、1回きりで終わらない人間関係を構築すること。そのためには、お客さまの感情をしっかりと満たしていけばいいということは、これまでのご説明でおわかりいただけたのではないかと思います。

感情を満たせば、あなたのことを好きになってくれる。
好きになってくれたら、あなたの喜ぶことをしてくれる。

それは人間として、とても自然な行動なのです。
ただし、くれぐれもお伝えしたいことがあります。

それは、**まず、あなたが相手の感情を満たしてあげる**こと。

最初から、こちら側のメリットばかり狙っていては、良い人間関係が構築できるはずがありません。

そのことを、是非忘れないでいてくださいね。

焼き畑集客・焼き畑セールスではなく、農耕型集客・農耕型セールスを

物がない時代だったら、商品そのものの価値だけで商売ができたことでしょう。良いものがあったら欲しい、今無いから欲しい、欠乏しているから欲しい。かつてはそんな状態だったかもしれません。

でも今は、物があふれている時代です。物だけでなく、サービスだってあふれている時代です。いろんなものが満たされています。同じような商品、同じようなサービス、取り扱っている物だって大量にある中で、これからの時代は、いままでのような「焼き畑農業」的な集客やセールスでは通用しないと思うんです。

「焼き畑農業」的、というのは、たとえば「儲かります」でも「モテます」でも「悩みが解消します」でもいいんですが、ものすごく煽るようなランディングページを作って、見た人の気持ちを昂ぶらせて、一瞬、感覚を麻痺させるような刺激で買わせてしまうこと。そういう販売ページをやっているところってだいたい、買った後にお客さまはあまり満足しないんですよね。その商品を買ったのに、あまり良くなかったとか、望んだような変化がなかったとかで、そのあとに続かず1回きりのお客さままで終わってしまうんですよね。

派手なことをして、一挙に注目もお金も集めるのですが、継続性がないので、収穫しつくしてしまったら、別の土地をまた切りひらかなければなりません。

でも、もしそこにお客さま側に「好き」という感情があったら、多少商品の質が普通であっても、「良かった」「ためになった」「役に立った」って言ってもらえるんです。そうなれば、1回きりの関係にならず、リピートしてくれたり、同じ主催者から別の商品やサービスを買ってくれたりするようになるんです。

私はこれを、「焼き畑農業」的な集客・セールスに対して、**「農耕型」の集客・セールス**と呼んでいます。

農耕型は、同じ土地から何度でも収穫ができるんです。この季節はコレを届けて、次の季節になったらアレを育ててというサイクルが自然とできあがって、次々と継続して収益を上げることができるようになるんです。1回きりの関係では終わらないんです。関係を続けていくことができるんです。

毎回新しいお客さまを10人集めても、ひとりの人が10回買ってくれても、あるいはその人が買うだけでなく他の9人のお友だちを新しいお客さまとして紹介してくれても、どれも利益は同じですよね。

だったら、毎回新しいお客さまを集める苦労を続けるより、「好き」という感情で繋がって、一緒に成長して一緒に喜べるお客さまと密にしたほうが良くありませんか？

1回きりで終わらない関係を築く、「農耕型」の集客やセールスで、お客さまと一緒に育っていく。そういう形が、これからの集客であったりこれからのセールスであったりするのだと思っています。

2章
「人」を知る感情のマトリクス

人は誰でも「ひとりの人間」として扱って欲しいと願う

さて、いよいよ具体的なお話に入ります。


人は誰でも、人として扱われたいと思っています。

何も知らない「誰か」として扱って欲しいわけじゃありません。

よく、女性の自立について語られるとき、

「私は、〝お母さん〟でも〝奥さん〟でもない、私自身なの！」

というような心の叫びを聞くことがありますが、これも、誰かから見た役割としてではなく、ひとりの人間として、自分自身として扱って欲しいという思いが表れているのではないでしょうか。

それは**お客さまだって同じ**です。

〝お客さま〟という、ざっくりしたひと山いくらの存在として扱われるのではなく、〝私〟という個人として扱われたいのです。接客が素晴らしいという評判の高級ホテルやレストランに行くと、「お客さま」ではなく、ひとりひとりを名前で呼んでいますが、それもこの、〝私〟という個人として扱われたい、という気持ちを満たすためなのでしょう。

何も知らない「誰か」として扱われるのではなく、ひとりの人間として扱われることを誰もが望んでいます。そこを満たすのが関係性作りだし、この本のテーマである「感情集客術」だと思っています。

行動を生み出す感情は、5つにわけられる

人間が行動するときには、その行動を後押しする動機が存在します。心理学者によって様々な動機の解析が行われていますが、ドイツの精神分析学者ジークムント・フロイトは、ドイツの物理学者であるグスタフ・フェヒナーが作り上げた理論を取り入れて、「人間は快楽を求め苦痛を避けることで生理学的・心理学的な必要を満そうとする」として、それを「快楽と痛みの原則」と名づけました。

人間は常に「快楽」を得ようとします。

その一方で、「痛み」を避けようとしているのです。

「快楽」と「痛み」。人間の全ての行動は、この二つの要素によって引き起こされ

5つの感情を作る!!
❶ 安心したい
❷ 繋がりたい
❸ 認められたい
❹ 変化したい
❺ 貢献したい

ている、とフロイトは述べています。

もっと踏み込んで言うならば、人間は、意識している、していないにかかわらず、快感が得られ、苦痛が避けられると思う行動を取っているのです。

集客が上手くいっているときのお客さまの行動を注意深く観察し、分析してみた結果、やはり、この「快楽」と「痛み」が動機づけの重要な要素になっていることがわかりました。

その分析をまとめているときに、あることに気づいたのです。

「快楽」と、「痛み」。それが、自分に対して向けられているのか、他人に対して向けられているのか。それによって沸き起こる感情がそれぞれにあり、その濃淡は個人によって大きく異なる、ということ。

そして、感情の濃淡が個人によって大きく異なるにもかかわらず、それぞれの感情は多かれ少なかれ誰しも基本的に持っているものである、ということです。

その分析をもとに、私はひとつのチャートを完成させました。
それが**「感情マトリクス」**です。

このマトリクスには、5つの窓があります。

①安心したい
②繋がりたい
③認められたい
④変化したい
⑤貢献したい

この5つです。

◉感情マトリクス

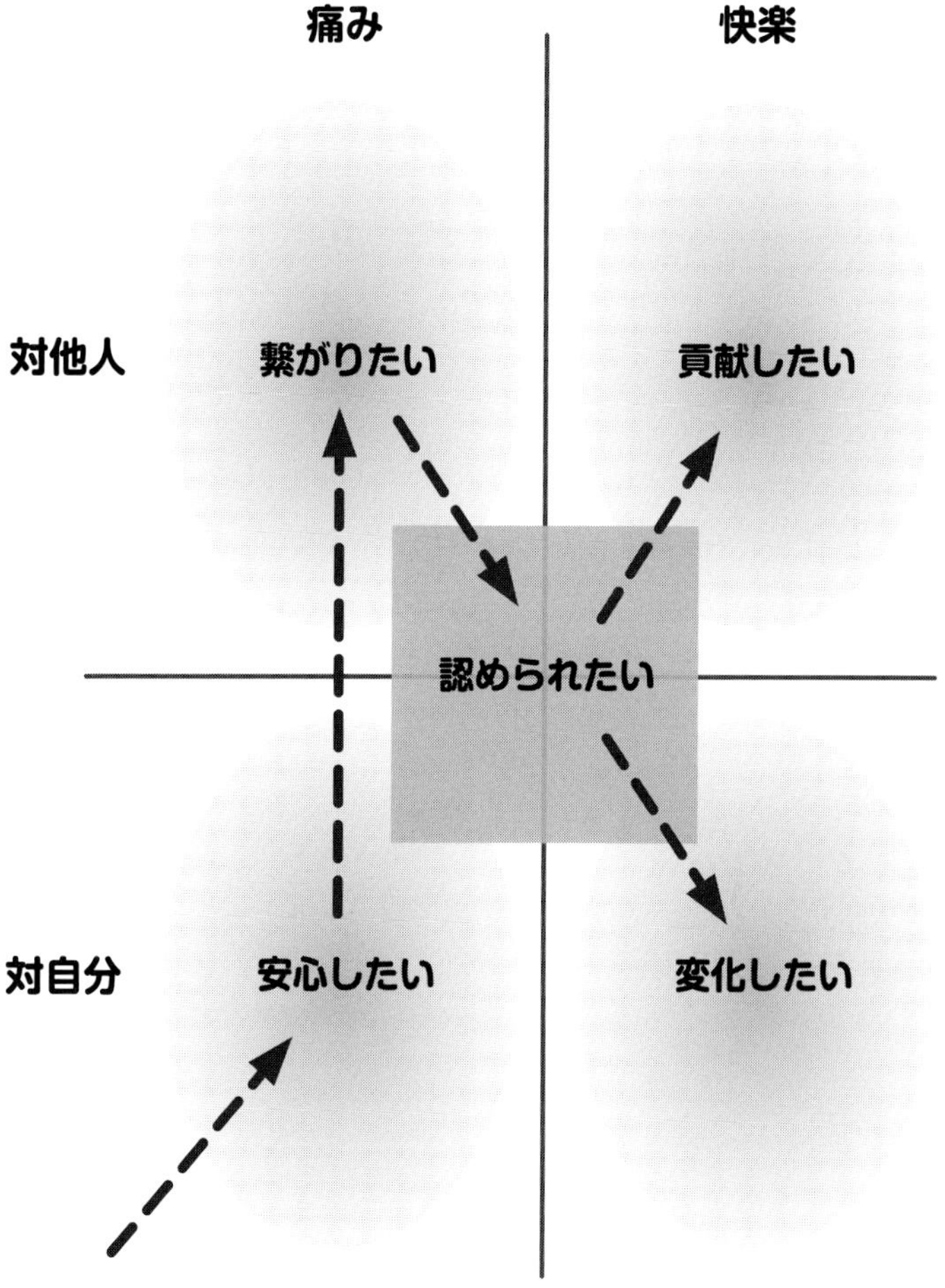
痛み
快楽
対他人
繋がりたい
貢献したい
認められたい
対自分
安心したい
変化したい

これらはそれぞれ、「快楽」と「痛み」の分類をさらに「対自分」「対他人」でわけ、そのいずれにも重なる部分を含めて5つの窓にしたものです。

「安心したい」は、「痛みから逃れる」ことと「対自分」の重なったところです。不安を避けたい、苦しみや痛みを避けたい、という自分の中の感情ですね。

「繋がりたい」は、「痛みから逃れる」ことと「対他人」の重なりです。孤独になりたくない、人と繋がっていたいという、他人に向けた、痛みに直結した感情です。

3つ目は、「快楽を求める」「痛みから逃れる」「対自分」「対他人」すべてが重なったところ。**「認められたい」**という欲求です。

認められたい。誰に？ それは、他人からであり、自分からでもあります。痛みから逃れるために認められたいこともあるし、それが快楽を求めることに繋が

ることもあるでしょう。基本的には、この「認められたい」は最も重要な感情です。この感情が満たされていない人が多く、とても強い欲求を生み出します。

4つ目の **「変化したい」** は、「快楽を求める」と「対自分」の重なるところです。いろんな段階を経て満たされていくと、変化していきたい、という感情が芽生えてきます。変化するとは快楽を求める行動です。

5つ目は、**「貢献したい」**。これは、もちろん「対他人」ですね。「快楽を求める」ことと重なった部分です。人に貢献して「ありがとう」と言ってもらうことで満たされた気持ちになる、それを求めていくことです。

行動の動機付けになる感情は、突き詰めていくと、この**5つに分類できる**と言えます。

「相性」は作れる

自分自身がいつも不安になってしまうことは何だろうと考えてみたとき。あるいは、この感情を満たしてもらったら本当にうれしいなと感じられるとき。それは、人によって、あるいは同じ人でも、状況によって変化するものかもしれません。それでも、おおかたはこの5つの分類のどこかに当てはめることができると思います。

とはいえ、この5つは図に描いたような明確な線引きがあるわけではありません。それぞれが密接に関係している部分もあります。この中のとある部分だけが欠けていて、他が満たされている、ということではなく、この窓が10%、別の窓が30%――といったぐあいに、それぞれ満たされたい気持ちのパーセンテージが

5つの感情を作る!!
❶安心したい
❷繋がりたい
❸認められたい
❹変化したい
❺貢献したい

違うだけで、全員が全部、それぞれを持っているんですね。

だけど、特にここが自分は動機として強く感じるな、というのは、誰でも思い当たる部分があると思うんです。「そのツボ押されちゃうと弱いの」というようなポイントです。人それぞれに、きっとあると思います。

たとえば、私は人と繋がることが大好きだし、繋がれなかったときのことも自分の中で知っているので、この「繋がる」という部分が自分にとってのキーワードだなと感じています。だから今私は、人と人を繋いでいくことに喜びを感じ、それをどんどんしていきたいという動機になっています。「こんな人を紹介したいんだけど、パーティーに来ない？」って誘われたら、絶対行っちゃいます。

でも人によっては、私のような「繋がりたい」よりも「安心したい」のほうが強いかもしれません。そういう人の場合は、パーティーに誘われるとき「知ってる人もたくさん来ているから、大丈夫だよ」と言われたほうが、じゃあそのパーティーに行ってみようかなという気持ちになるでしょう。逆に、私だったらそのように誘われても、あまり行こうという強い動機にはなりません。**人によって、刺さるポイントは違う**のです。

このように、**行動の動機付けとしてどこがいちばん突出しているか。**それを知ることによって、行動してもらうための動機付けのアプローチが変わってきます。5つの窓、5つの感情を、すべて満たしていなくても大丈夫なんです。ピンポイントでその人がいちばん欲求しているところだったら、1つだけでもいいでしょう。2つの組み合わせが必要な人もいるかもしれません。

それぞれ、その人に刺さるポイントを刺激すればいいのです。それはその人自身と対面して話をしているときかもしれませんし、メッセージのやり取りをしているときかもしれません。その人と接しているときに、その人に刺さるポイント

5つの感情を作る!!
❶安心したい
❷繋がりたい
❸認められたい
❹変化したい
❺貢献したい

を意識して感情を満たしてあげれば、相手はきっと、あなたのことが大好きになるでしょう。

よく人間関係の表現として「相性がいい」とか「ソリが合わない」なんていう言い方をしますが、実はこの感情マトリクスを利用して、相手の求めることを満たしていけば、**相性がいいとか悪いとか、そんなことはまったく関係なくなります。**

相手の求めるポイントを満たしてあげれば、相手はきっと、あなたとはとても相性がいいと感じるはず。

つまり、**「良い相性」なんて、実は作るのはカンタン**なんです。

ここで少し注意点があります。

図に矢印があるのに気がつきましたか？　実は〈初対面の人〉と関係を築くと

きは、この順番で感情を満たし、関係構築していくことが大事です。

まずは「安心」できる状態を作り、次に「繋がり」を感じることができるようにし、関係の土台作りをします。この2つの感情は状況によって変化するので、そのバイオリズムをいつも見極める必要があります。と言っても難しいことをするのでなく、相手をよく観察するということです。すると「あ、初めての場所で安心できてないな」とか「あ、あの人と繋がりたいんだな」などの発見があるはずです（詳しくは以降の章で順に書いていきます）。それを見て、まずは低下している感情を満たしてあげると、一気にあなたとの距離が縮まります。

この「安心したい」「繋がりたい」という感情が低下している状態で他の感情を満たし続けると、相手が依存状態になったり、メリットデメリットだけの関係になってしまいます。ですから、この2つの感情の状態をつねに意識しましょう。

5つの感情を作る!!
❶安心したい
❷繋がりたい
❸認められたい
❹変化したい
❺貢献したい

そして、つぎに「認められたい」感情を満たせばバッチリです。

「認められたい」という感情は誰しもが満たして欲しいものです。土台が出来上がった状態でこの感情を満たしてあげると、きっと相手の方はあなたともっと話したいという状態になっています。

それでは、次の項目から「感情マトリクス」の5つの窓について、ひとつずつご説明していきましょう。

5つの感情を作る!!

❶ 安心したい
❷ 繋がりたい
❸ 認められたい
❹ 変化したい
❺ 貢献したい

2章―①

第1の感情
安心したい

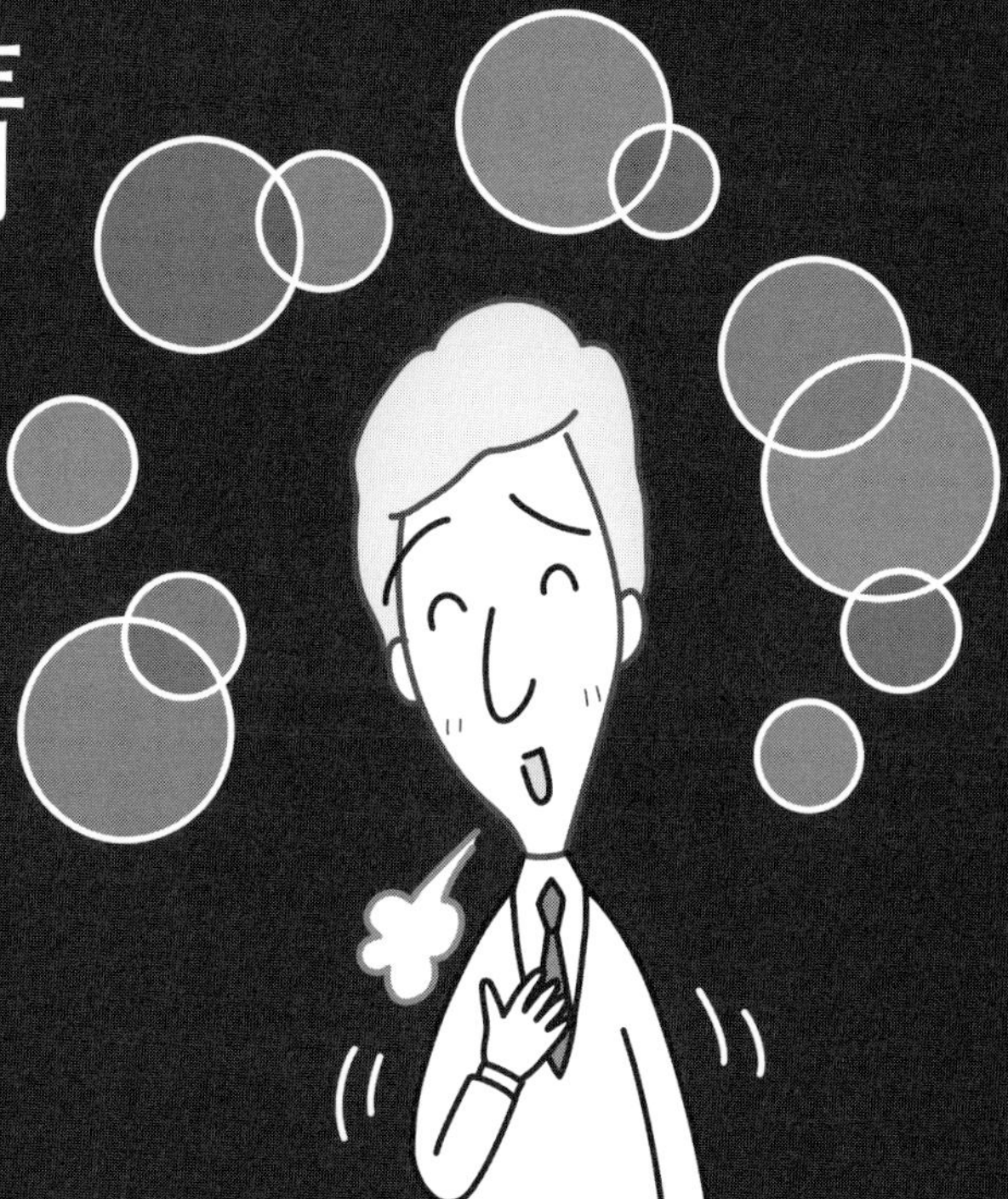

最も基本的な感情

5つの窓から、最初にお話したいのは**「安心したい」**という感情です。他人に対するものか、自分に対するものかという分類では、**「対自分」**。そして、快楽を求めるものか、痛みから逃げるものかと言ったら**「痛みから逃げる」**感情です。

そもそも、安心できない状態では、人は何もできません。「安心したい」というのは、人間のいちばん基本的な欲求だと思います。

アメリカの心理学者。アブラハム・マズローが、人間の欲望は5段階のピラミッドのように構成されているという説を立てています。「マズローの欲求段階説」と

5つの感情を作る!!
❶安心したい
❷繋がりたい
❸認められたい
❹変化したい
❺貢献したい

して知られているものです。そこでは「生存の欲求」が、最も下層の、最も根源的な欲求であるとされています。その次に出てくるのが、安心・安全の欲求です。

つまり「安心したい」という欲求は、「生きたい」という欲求に続く、最も基本的な欲求なんですね。

根本的な「安心」を求めない人は、まずいないと思います。

たとえば、交流会に参加しようとするとき、参加する人全員が初対面だと知っていたら、ちょっと行くのが怖いなと感じる人は多いのではないでしょうか。

なぜ怖いのか、というと「安心の場」ではないからです。

知らない人ばかりの場、というのは、多くの人にとって安心できない場となります。

では、あなたがそのような、初対面の人ばかりに囲まれることがわかっている場に行ったとして、そこで、にこやかにフレンドリーな対応をしてくれる人がいて、温かく受け入れてくれたとしたら、どうでしょう。

ほっとして、安心しませんか？

不安な場所にいる人の、「安心したい」という欲求を満たしてあげる。それだけで、あなたとその人との距離はぐっと近づきます。

もしかしたら、あなたもその人と同じように、不安な気持ちを抱えているかもしれません。それでも、是非あなたから先に、相手の「安心したい」という欲求を満たしてあげてください。

ラポールを築く

では、どうやってその人の「安心したい」気持ちを満たしてあげればいいのか。

そのお話をしましょう。

臨床心理学の用語で**「ラポール」**という言葉があります。セラピストとクライアントとの間の心理的な関係性のことです。もともとはフランス語で「橋をかける」という意味があります。つまり、相手の心と自分の心とのあいだに、橋が架かっている状態です。心が通じ合って、互いに信頼し合い、相手を受け入れている状態を指してこう言います。

その状態ができていないと、安心どころか、話さえ聴いてもらえません。ラポールを築けていない状態では、話を聴くことも怖過ぎなんですね。

別に、知らない人と話したからって何があるわけでもありません。けれど、人間もＤＮＡの中に、動物としての記憶が刻み込まれているのでしょう。知らない相手にいきなり対面するのは、怖いというか、緊張感を伴うのです。

だからこそ、「安心したい」という感情を最初に満たしてあげることが大事なんですね。

大丈夫だよ、安心していいよ。
そういう感情をまず満たすのが大事なんです。

安心してもらうために、ラポールを築くのは非常に有効です。

ラポールを築くためには、まず相手のことを受け入れることから始めます。この人はこんな人だなあ、こんなところがステキだなあ、でもこの部分は何だか嫌だなあ――なんていうジャッジは、決してしてはいけません。まずは、相手の考え方も、性格も、否定せずに受け入れましょう。

相手との共通点を見つけるのも効果的です。

共通点、共通項がいくつもあることで、親近感が湧くようになります。出身地が同じだ、とか、勤め先の最寄り駅が同じ、とか、どちらも犬を飼っているとか、どんなことでもいいんです。「ここ、○○つながり！」って言えるくらいの共通点を見つけられると、その人との距離がぐっと縮まるのを感じるでしょう。

この「親近感」が、ラポールにはとても大事です。

人は、親近感が湧く相手に対して、何かしてあげたい、良く思われたい、という感情が起きますので、自然と良い結果に繋がっていきます。

また、視覚に訴える、聴覚に訴える、触覚に訴えるなどのアプローチもよく知られています。

視覚的なアプローチでは、**「ミラーリング」**と呼ばれる手法を使います。相手と同じような姿勢、同じような座り方、同じような身体の動きやボディランゲージ、同じような表情をすることで、「共通点」を意識的に作り出すんです。あらかじめわかっていれば、相手と同じような服装をするのもいいでしょう。

聴覚的なアプローチでは、**「バックトラッキング」**という手法を使います。端的に言うと相手の言葉を「オウム返し」するのです。そのままオウム返しするだけでなく、相手の言葉を要約して返したり、重要なキーワードで言い返してもいいでしょう。

もうひとつの、触覚に訴える手法ですが、これは、触覚といっても相手にべたべたと触ることではありません。感触や、体感覚に訴えかけることです。これには**「ペーシング」**という手法を使います。「ペーシング」とは、文字通り、ペースを合わせること。話すリズムやスピード、話し声の高さや低さ、声が大きいか小さいか……などを合わせていきます。呼吸の速度を相手に合わせたり、感情の強さを相手に合わせたりします。

くれぐれも間違えてはいけないのは、「同じ感情になる」とは違うという点です。相手が怒っていたらこちらも怒る、のではなく、相手が強い調子で怒っていたら、こちらも強く謝罪する、といったように、ペースを合わせることが大事です。

相手を受け入れること、共通点を見つけることなどについては、またのちほど説明を加えますね。

メラビアンの法則

『人は見た目が9割』竹内一郎著（新潮新書）という本があります。ちょっとドキっとするタイトルが話題を呼んで、発売から10年以上たっても人気のベストセラーになっています。

見た目って、本当に大事なんです。

アメリカの心理学者、アルバート・メラビアンが『非言語コミュニケーション』という論文の中で、コミュニケーションの3つの要素について語っています。いわゆる「メラビアンの法則」として知られているものです。

それによると、コミュニケーションに於いて重要とされているのは、言語が7%、声のトーンとか口調が38%、外見などヴィジュアルの要素が55%なのだそうです。つまり、どんなことを言うか、というその言葉そのものよりも、どんなふうにその言葉を言うのか、のほうが大事で、**表情やアクションを含めて伝わるもののほうが大部分を占める**、ということなんですね。

たとえば、誰かがあなたに対して「うれしい」という言葉を発するとき。「うれしい」という同じ言葉だったとしても、それを、能面のような無表情で伝えられるのと、満面の笑顔で伝えられるのとでは、どんなふうな違いがあるでしょうか？　能面のような顔で「うれしい」って言われて、その言葉をそのまま信じられますか？　いやいや、そんなことないでしょう、口ばっかり！――って、私なら思っちゃいます。でも「うれしい」ってこぼれるような笑顔で言われたら、なんだか言われたこちら側までうれしくなってきますよね。そういうものではありませんか？

言葉そのものよりも、言葉を発したときの表情や動作など、言葉以外の要素がすごく大事だっていうことは、これでおわかりいただけるのではないかと思います。

また、表情だけでなく、**リアクションも大事**ではないかと私は思っています。

小さい頃はコミュニケーションが上手くいかずに悩んだ私ですが、コミュニケーション上手な人をずっと観察して分析するというのを続けてきた結果、いまでは初対面の人ともすぐに仲良くなれるのが特技になっています。なぜ初対面の人ともすぐに仲良くなれるのかというと、私は、たぶん普通の人の2倍くらい、リアクションが大きいんですね。

うなずいたり、相づちを打ったり、驚いてみたり、一緒に喜んだり——といった反応を見せて、きちんとリアクションする。それも、相手にちゃんと伝わるように大きなリアクションをする。それだけで、話している相手はとても安心できるんです。

だって、あなたが話しているときのことを考えてみてください。聴いている人が何もリアクションしなかったら、「本当に伝わっているのかな」「伝わっているかどうか以前に、この人ちゃんと聴いてくれているのかな」って不安になってしまったり、「なんでこの人は私の話を聴いてくれないんだろう、私のこと嫌いなのかな」って思ってしまいますよね？

相手に「安心してもらう」ためには、そんなふうに思わせてしまってはいけません。だから、リアクションが大きい、というのは実はとてもいいことなんですね。私が大きなリアクションをしながら話を聴くと、話してくれている相手の人は「ちゃんと話を聴いてもらえている」と感じて、安心してくれるようです。

「笑顔がいいですね」ともよく言われます。

「笑顔」そして「大きなリアクション」。これによって、相手の「安心したい」という感情を満たしているのではないかと思います。そのせいで、初対面の人ともすぐに仲良くなれるんですね。

リアクション、っていわれても、慣れていないし、結構難しいと思う人もいるかもしれません。でも、リアクションや笑顔って、はっきり言って「慣れ」です。大げさかな？　と自分では思ってしまうくらいのリアクションをしても、案外、他人から見れば、そんなに大げさには見えないものです。だから大げさなくらいでちょうどいいと思ってください。

とにかく笑顔。そして声の抑揚やリアクションで「あなたの話をちゃんと聴いていますよ」という安心感を相手に与える。つまり、相手の「安心したい」という感情を満たすには、相手にどんな言葉を投げかけるかより、どんな表情で、どんなリアクションで話を聴くか、のほうが重要ということなんです。

服装で、安心感を満たす

言葉に頼らない、ヴィジュアル的な要素が大事だというのは、笑顔とリアクションに限ったことではありません。

『影響力の武器』ロバート・B・チャルディーニ著（誠信書房）という本があります。その本の第6章に、権威についての記述があります。そこに、服装や髪形がどれだけ相手に強い影響を与えるかという、興味深い実験が書かれています。

それは、こんな実験です。

ふたりの男性がいます。ひとりは警備員の服装を着ています。でも本当は警備員ではありません。服装だけのニセ警備員です。もうひとりは普通の服装です。このふたりが、それぞれ通行人に声を掛けて呼び止め、このように言うんです。

「ここから15メートル先のところにパーキングメーターがある。そこに、10セント足らずに困っている男性がいる。そこに行って、彼に10セントをあげてもらえないか」

その結果、面白いことがわかりました。

警備員の服装の人が声を掛けた場合、92％の人がその指示に従いました。でも、普通の服を着た人が同じことを言った場合には、わずか42％程度の人しか従わなかったそうです。

そのくらい、服装によって人は左右されてしまうんですね。そのくらいに影響力があるんです。だから、自分がどういう人に見られたいか、それを最初に設定して、そのイメージに近づくような服装をすれば、周りからそういう人に見られることは簡単なんですね。

経済的に成功した人だと思われたいのなら、ちょっと高級な時計をちらりと見える位置で身に着け、着ているものも、できれば高級素材・高級仕立てで清潔感のあるものを着用すれば完璧。そこまでいかなくても、ピシッとした仕立てのいいスーツだったり、身体に合ったカチッとした格好をしたり、シャツもきちんとアイロンの当たっているものを着たり、ポケットチーフなど、細かいところにも気を遣っているところが見えたら、それだけでこの人は安心な人だな、信用ができる人だな、という印象を与えることができます。たとえ中身がちゃらんぽらんな人だとしても、外見に気を遣うことで、相手に安心感を与えることができるんです。

女性の場合でも同じです。

きれいなドレスを着ていて、髪型もきちんと整えていて、アクセサリーもきれいなものを身に着けていたら、この人は上品な人なんだろうな、成功している人なんだろうな……と思われるに違いありません。
少なくとも、経済的に成功していると思われたい人や、金融関係に勤めている人が、袖口がほつれたようなセーターを着ていてはいけません。身に着けているものだけで信用を失ってしまうことって、あるんですよ。

服装を変える。それだけで相手の安心したいという感情を満たすことができますし、信頼を得ることだってできます。つまり、服装を変えればビジネスは上向きになり、売り上げは絶対に変わります。

私も、小柄でショートカットのせいか、小娘的な扱いをされてしまうことがよくありました。でもこの法則を知って、オーダースーツを初めて作ってみたんです。そうしたら、交流会での扱いがそれまでと全く違ったのを、リアルに実感しました。ボーイッシュな格好をして参加したときには、何だかまるで、男の子と同じような扱いでした。それが、女性らしい服装をしたとたんに、急に女性として扱われるんです。まさに手のひら返し。

服装を変えるだけでこんなふうに、あなたの印象が変わるばかりでなく、扱われ方も変わります。服装を変えるだけ、たったそれだけですから、この手を使わないのは損ですよね。

ここで忘れないでいただきたいのは、その服装をするのは、自分のイメージを高めるためでもあるけれど、もっと大事なことは**相手のためにする**のだということです。相手を大切に思っているからこそ、きちんとした服装をする、相手を安心させるためにちゃんとする。ですから「私はそんなガラじゃないから……」なんて言わないで、是非、服装や髪形を一度見直して、出掛ける場所やそのときに会う人にふさわしい身なりを心がけてください。

共通点の発見

共通点を見つけることが、ラポールを築くのに有効だということは、先ほども少しご説明しました。そのことについて、もう少し補足させてください。

あなたはセミナーや講演会に参加したことはありますか？

セミナーの冒頭に「それでは講師の◯◯さんが登場します。みなさん大きな拍手でお迎えください！」という合図で拍手をしたことがあるかもしれませんね。実はこれ、あえて会場全員が同じ動きをし、同じリズムで音を出すようにしているのです。**同じリズムにのるというのは、本能的に相手が敵か味方か判断するときの材料となります。**

共通点があれば、相手は味方だなと、本能的に思います。
つまり、人は安心するために、常に共通点を探しているんです。

先ほども述べたように、服装や髪形も共通点のひとつになるでしょう。相手がきっちりした格好をしていれば、きっときっちりした格好の人のことを好むでしょう。さらに言うと、笑顔や声やリアクションなども、無意識レベルで共通点として認識されます。

さらにもうひとつ。共通点を見つけるポイントをお伝えしましょう。

名刺交換をしたら、その名刺をよく見てください。

名刺の中のどこかに、共通点となりそうな項目を見つけられたら、しめたものです。最近は、単に会社名や肩書きと住所・電話番号だけではなく、名刺には、その方の人となりがわかるような情報を書いていらっしゃる方が増えています。そこに注目してみましょう。

たとえば、「趣味がマラソン」だったら、あっ、マラソンが趣味なんですね、実は私もマラソンが好きで、去年ホノルルマラソンに出たんですよ、なんていう話をしたらそれで一挙にその人と繋がれることでしょう。「子どもが2人」って書いてあったとき、あなたももしお子さんが2人だったら、それで一挙に仲良くなれたりしますよね。

そういう共通点を、名刺の中から発見していくというのを、名刺交換をしたときにぜひ試してもらいたいんです。なかには、すごくシンプルな名刺で、名前と簡単な連絡先以外何も書いていない人もいるかもしれません。

そういうときには、会話の中からいろいろと情報を引き出すんです。

どちらにお住まいですか？　なんていうのは定番の会話のとっかかりかと思い

ます。○○に住んでいます、っていう答えが返ってきたら、そうなんですか！　いや、実はそこに親せきが住んでいて……なんて、自分の身の回りの情報をフル稼働させてでも共通点を見つけましょう。

運命の法則

オーストリア出身でアメリカで活躍した社会心理学者であるフリッツ・ハイダーは、ある事象の原因を何に求めるのかという帰属過程がどのように行われるのかを理論化した「帰属理論」を提唱しました。

それによると、人の行動は、能力や意思などその人自身の内側の要素と、状況や偶発性などの外側の要素の2つに帰属する、とされています。内側の要素を**「内的帰属」**、外側の要素を**「外的帰属」**と定義しています。

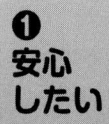

何か偶然が起きたとき、人はつい、どうしてこんな偶然が起こったんだろうと原因を探してしまいます。

たとえば、出会ったその相手と、出身地が同じだった、誕生日が近かった、何

人兄弟か、兄弟の数が同じだった、好きな食べ物が同じだった——のようにいくつもの偶然が重なったりすると、これはもう、偶然ではなくて必然だ、いや、運命だ！　なんて思ってしまうんですね、外的要因に原因を求めるようになっていくと。

逆に言えば、**共通点を次々と積み重ねていけば、偶然から必然に、さらには運命だと思わせることができる**んですね。

「出会ったことは運命かもしれない」

共通点を積み重ねて、そこに意識をフォーカスさせていくと、そう思わせることだって可能なんです。

共通点がもたらす安心感は、そんな魔法さえ呼び寄せてしまうんです。

失敗談を話して、自己開示する

完璧な人って、どう思いますか？

女性なら、顔立ちの整った美人で、肌がきれいで、言葉遣いも美しくて、頭が良くて学校の成績も優秀で、仕事もできて、周囲への気遣いも抜群で、運動神経も良くて、家柄も良くて、親が大企業の社長か何かでお金持ちで、持っているものセンスも素敵で、料理上手で片づけ上手で、カレシがカッコよくて……って人、どう思いますか？

私はあこがれます。

でも、正直、なんだか近づきにくいなあという気もしてしまいます。人間、どこか欠陥のある人のほうが、親しみが湧いて仲良くなれたりするんですよね。

先ほど挙げた完璧な美人さんが、実はものすごいおっちょこちょいで、やたらと言い間違いがあったり、なぜかいつも道に迷ってしまったり……なんてことがわかったら、一気にとっつきやすく感じませんか？

その**「とっつきやすさ」も、実は安心という感情を満たすことに繋がる**んです。

だから、その「とっつきやすさ」を演出することもひとつの方法です。

「とっつきやすさ」を演出するのは簡単です。自己開示をして、自分の失敗談を話せばいいんです。完璧に近い人、憧れられる存在の人ほど、ぜひ自己開示をしてみてください。

「今でこそ、わたしはこういうふうにやっているけれど、私もいっぱい失敗したんですよね――」なんていう話は、相手との心の距離を縮めてくれます。

共感する

ラポールを築くためには、まず相手のことを受け入れることが大切、という話をしました。

そこから、さらに一歩踏み込んで、**相手の感情を想像してあげて**ください。

それが、「共感する」ことに繋がり、相手の「安心したい」という感情を満たすことにとても役に立ちます。とはいえ、この「共感する」というのは、なかなか簡単なものではありません。というのは、人は誰でも他人の話を聴くときに、自分の経験則などに照らし合わせて理解しようとしてしまうからです。

自分の経験則や主観は、この際は一旦脇に置いていただいて、主観を持たずに、相手のことを受け入れてあげてください。

5つの感情を作る!!
❶安心したい
❷繋がりたい
❸認められたい
❹変化したい
❺貢献したい

これは男性に特に多いのですが、自分の経験則や主観に沿って相手の話を聴いてしまうと、相手の話に対して、何か解決策を見出そうとしてしまいがちです。でも、相手は実は、アドバイスが欲しいのではなく、ただ気持ちに寄り添って話を聴いて欲しいだけ、というケースはよくあるものです。

その一方で、特に女性はちょっとしたことでも愚痴を言いたがります。今日は会社でこんなことがあったの、とか、友だちにこんなことを言われたの、なんていう話を、とにかく聴いて欲しくて喋るのです。そんなときに、真面目に話を聴いたうえで、自分の経験則に照らし合わせて解決策を考え、彼女がどうするべきなのかをアドバイスする——。なんていうのは、愚の骨頂です。

多くの場合、女性はアドバイスを求めていません。ただ話を聴いて、共感して欲しいだけなのです。

男性はもちろん、善かれと思ってアドバイスをしてしまうのですが、それをやってしまうと、女性からは「この人、ちゃんと話を聴いてくれない……」と思われてしまうのがオチです。せっかく、誠意を込めてアドバイスしているのにそれはあんまりだ……なんて、嘆いてしまいたくなりますが、どうかそこはグっと堪えて……。

そういうときに必要なのは、

「そうなんだ」

「大変だったね」

という程度の相づちで、十分なんです。

それだけで、相手はあなたのことを

「ちゃんと話を聴いてくれる、やさしい人」

というふうに認識するでしょう。

逆に、話を聴いてアドバイスをしようとする男性のことを、女性も「上から目線で、私の話をちゃんと聴いてくれない！」なんて言って腹を立てるのではなく、「私のために、一生懸命になって解決策を考えてくれたのね」と受け止めてあげられるくらいの心の余裕があると、お互いにもっと「安心したい」という感情を満たし合えるかもしれませんね。

2章―②

第2の感情
繋がりたい（愛されたい）

現代のマズローの5段階欲求

続いての感情の「窓」は、感情マトリクスで見ると**「痛みから逃れたい」**と**「対他人」**の重なるところ。ここは**「繋がりたい」**あるいは**「愛されたい」**という感情です。

この感情についての説明の前に、前章で、マズローの5段階欲求について少し触れましたが、もう少し補足しましょう。「マズローの5段階欲求」とは、人間の欲求は5段階のピラミッドのように構成されていて、低階層の欲求が満たされると、より高次の階層の欲求を欲するというものです。

その「5段階」とは次の通りです。

5つの感情を作る!!
❶安心したい
❷繋がりたい
❸認められたい
❹変化したい
❺貢献したい

①生存の欲求
②安心・安全の欲求
③所属と愛の欲求
④承認の欲求
⑤自己実現の欲求

一番下にあるのは「生存の欲求」で、睡眠や食欲など生きていくための基本的・本能的な欲求です。

次の階層にあるのが「安心・安全の欲求」。さきほど説明した通り、危機を回避したい、安心したい、恐怖から逃れたいという欲求です。

3つ目は、「所属と愛の欲求」。集団に属したいとか、仲間が欲しいといった欲求です。

その次が「承認の欲求」。「尊厳の欲求」と言う人もいます。これは他人から認められたいとか、尊敬されたいという欲求です。

そして、最後に「自己実現の欲求」があります。自分の能力を引き出して、クリエイティブな状態でいたい、などの欲求です。

このうち、「①生存の欲求」「②安心・安全の欲求」「③所属と愛の欲求」の３つは外側に充足を求める低次の欲求とされていて、「④承認の欲求」「⑤自己実現の欲求」のふたつは、自らの内側に充足を求める、より高い次元の欲求とされています。

そしてマズローによると、下のほうにある階層の欲求が満たされると、その上の欲求が芽生えてくる、とされています。生命としての危険を乗り越え、安心や安全を確保できたら、次は「誰かと繋がりたい」という欲求が出てくるんですね。これは「愛の欲求」とも言われています。この欲求が満たされないでいると、人は孤独感や社会的不安を感じやすくなります。

5つの感情を作る!!
❶ 安心したい
❷ 繋がりたい
❸ 認められたい
❹ 変化したい
❺ 貢献したい

◉マズローの5段階欲求

下のほうにある階層の欲求が満たされると、
その上の欲求が芽生えてくる

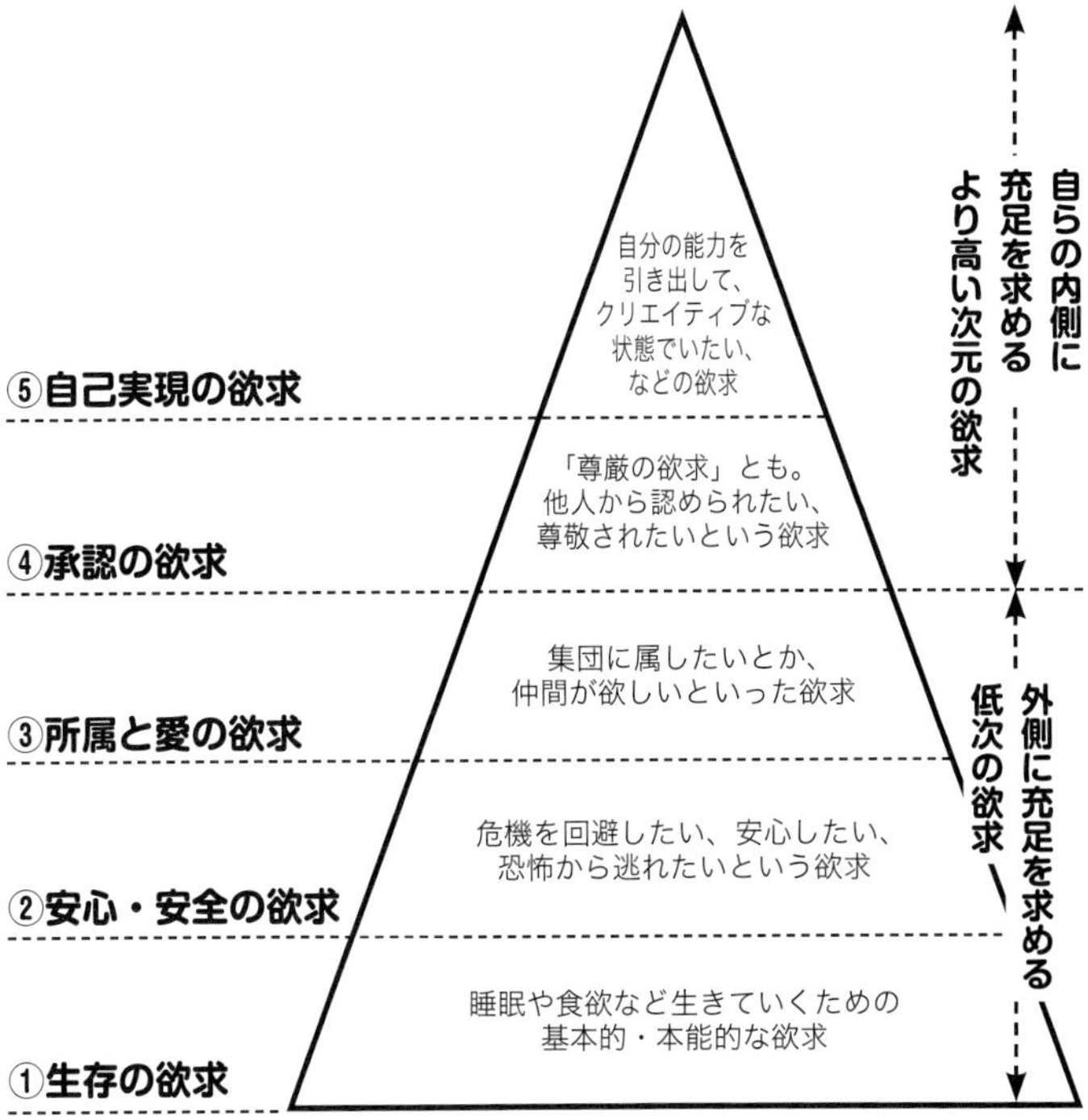

⑤自己実現の欲求
自分の能力を引き出して、クリエイティブな状態でいたい、などの欲求
④承認の欲求
「尊厳の欲求」とも。他人から認められたい、尊敬されたいという欲求
③所属と愛の欲求
集団に属したいとか、仲間が欲しいといった欲求
②安心・安全の欲求
危機を回避したい、安心したい、恐怖から逃れたいという欲求
①生存の欲求
睡眠や食欲など生きていくための基本的・本能的な欲求
自らの内側に充足を求める
より高い次元の欲求
外側に充足を求める
低次の欲求

かつては「繋がり」というと、村などの地域社会だったり、会社への帰属だったりしたと思うのですが、今の時代で「繋がり」というと、ちょっと違ってきます。TwitterやFacebookなどのSNSも、大事な繋がりのひとつになっているんですね。このようなインターネット上の繋がりは、以前だったら「バーチャル」と呼ばれ、対面での「リアル」な繋がりとは違う、ニセモノとか幻のようなものといった扱いでしたが、いまはもう、そんなことを言う人はいないでしょう。

SNSの広がりで、今までの満たされ方とはまた違う感覚が生まれています。

自分の価値観に合う人と繋がりたい。
そういう「繋がり」に変化してきているのです。

極端な話、勤めている会社の中でそれほどの繋がりを求めません。会社の飲み会がなんだか苦手だな、面倒くさいなという人も増えています。

反対に、TwitterやFacebook上で繋がっているだけなのに、共感が広がって、友情を感じあう相手がいる、という人はきっと少なくはないでしょう。

もちろん、リアルな繋がりも大事です。

けれど、SNS上で繋がりの関係を保つことができるので、今はすごくいい時代だと私は思います。あなたがどこに住んでいても関係ありません。年齢だって性別だってまったく関係なく、誰とでも繋がりあえる時代です。

本当に価値観が合う人と、繋がることができるんです。

これって、素晴らしいことだと思いませんか？

現代人の、「繋がりたい」という欲求。そこを満たしてあげることが大事なんですね。

ザイアンス効果と、3回安定・10回固定の法則

アメリカの心理学者、ロバート・ザイアンスが、今から50年ほど前に面白い実験を行いました。

被験者に、12人の顔写真を、1枚につき2秒のペースで無作為に86回提示します。「無作為」ということですから、顔写真によって提示回数にばらつきがあって、ある人の写真は何回も登場するけれど、ほとんど現れない顔写真もあるということになります。そのあと被験者たちにそれぞれの顔写真に対する好意度を0から6の7段階で評価してもらいます。すると、提示回数が多かった顔写真ほど好意度も高いという結果になりました。

これは**「単純接触効果」**といって、目にする回数が増えるほど、親しみが湧いて好意を持ちやすい、という理論を表わしています。

この「単純接触効果」を効果的に利用したのが「3回安定・10回固定」という法則です。大手経営コンサルティング会社の㈱船井総合研究所が、リピーター作りの法則として提唱しているものです。

お店に3回来店してくれた人は、4回、5回とリピートする可能性が出てきます。つまり、初めてのお客さまには、「まずは3回」来ていただけるような仕組みを工夫します。そして4回、5回とお越しのお客さまには10回来てもらえるように工夫します。10回来ていただければ、もうその方は固定客になってくれます。

お店のポイントカードなどは、この仕組みを利用しているんですね。

ポイント3つで500円割引とか、10回来たら1回分無料！とか。お客さまへのお得なサービスのように見えて、実はあれは、顧客づくりの仕組みのひとつなんです。

ＳＮＳで繋がった中でもリアルの繋がりであっても、ザイアンスの単純接触効果を利用して何度も接触していくようにすれば、相手の「繋がりたい」という感情を満たしてあげることができます。

たとえば、初対面のときに名刺交換をした人と、別のセミナーでまた顔を合わせたら、なんとなくその人に親しみが湧きませんか？　さらに、３回目、まったく別の飲み会に参加した時にその人がいたら、なんだかどんどんその人のことが気になったりしませんか？　これって運命かも？　なんて思って、恋に落ちちゃうことだってありますよね!?

そのくらい、単純接触を繰り返すだけでもすごく「繋がりたい」感情を満たす効果があるんですね。

テレビを見ていると、頻繁に同じコマーシャルを繰り返し流していますが、それも単純接触効果を狙ってのことなんですよね。何度も何度も同じものを見せられて、鬱陶しいなあと思うことがあっても、その時期を超えてしまうと、なぜかそれが「気になる」に変わってしまう。そういう経験がある人はきっと少なくないと思います。

CMを何度も見ているうちに、その商品を買いたくなったりするのがまさにそれ。人気タレントが人気者なのは、別にその人に会ってたくさん話したからとか、人柄をよく知っているからとかではないと思います。単純に、テレビによく出ていて、よく顔を見かけるから。ポスターなどであちこちで姿を見かけるから。単にそれだけのことなんですよね。

小分けの法則

ＳＮＳで繋がった人ともっと親しくなるためのポイントとして、私は**「小分けの法則」**を提唱しています。これも、単純接触効果を狙ったものです。

たとえば、Ｆａｃｅｂｏｏｋのメッセンジャーや ＬＩＮＥなどを利用して連絡を取ろうというとき。コミュニケーションのショートカットをしようとする人がすごく多いんです。

それほど親しくない人から、いきなり、すごい長文のイベントの案内が送られてきた、という経験はありませんか？　なんじゃこりゃ？　としか思えないような、1回では読み切れないような長さで送ってこられたら、それはもうコミュニケーションではなく、単なる広告ですよね。

そう思われた瞬間に、ハイさよなら。

極端な場合だと、それでもうその人のことが嫌になって、ブロックしてしまう人もいるかもしれません。単純接触効果を知っているあなたなら、こんな間違いはしませんよね。**コミュニケーションにショートカットはありません。**やり取りの回数を重ねれば重ねるほど好きになってくれるのに、一度で連絡を済ませようと長文をいきなり送り付けるような人は、非常にもったいないことをしています。

だから、私は**「小分け」にして送る**ことをお勧めしています。

たとえて言うなら、「いきなり告白するな」ということです。「好きです」と言われると人は誰でもそんなに嫌な気はしないと思いますが、いくら何でも「あなた誰？」って人から告白されたら引きますよね。告白して、付き合って欲しいときこそ、小分けにコミュニケーションするべきです。

好きで、付き合って欲しいのだったら、まず「ちょっとお茶でも飲みに行こうよ」って誘うところからスタートして、まだ付き合うかどうかわからないような段階を経て、そのあとにメッセージのやり取りを増やしながら、次に会ったときに「映画のチケットが手に入ったから、日曜日一緒に行きませんか？」なんていう話になって、ちょっとしたプレゼントを渡したりして……。そういうことを重ねていって、あれ、この人私に好意を持ってくれているのかな、すごくいい人だな、って思ってもらえるんです。

さらに、食事に誘ったりして徐々に距離を詰めていった上で「実はさ……もしかしたら彼氏いるかもしれないけれど、オレ君のこと好きなんだよね……」なんて告白したら、いきなり「付きあってください」って言うよりもずっとずっと、お付き合いができる確率が高まるってもんです。

恋愛以外のコミュニケーションでも同じです。とにかく「小分け」にするほうが効果的なんです。

たとえば、イベントのお誘いをする場合。

最初は「2月20日、空いていませんか?」とだけメッセージを送るんです。

空いていますけど、何かあるんですか? って返事が来たら、今度は「実は、このたび初めての本を出すので、出版記念パーティーをするんです。ぜひ来てもらいたいなあと思って」と、内容をお知らせするんですね。それで良い反応が返ってきて、時間や場所を尋ねられたら回答する、というやり方です。

それが、単純接触効果を狙った、「小分け」のメッセージ送信方法です。

真面目な人ほど、相手が面倒だろうからと気を遣って、1回ですべての連絡を済ませてしまおうとするかもしれません、すごく真面目に文章を考えて。その結果、とんでもない長さの大論文になってしまったり。文章を考えるのに1時間とか2時間とかかかって、それをコピペしていろんな人に送っていると思いますが、それってまったく効果がありません。でもやってしまっている人、実はとっても多いんです。

メッセージやコミュニケーションは小分けにする。これが原則です。

たとえば、交流会で出会った人と仲良くなりたいと思ったとき。

1回目の接触が交流会での出会い、だとすると、

2回目の接触は、Ｆａｃｅｂｏｏｋでの友達申請。

3回目はメッセージを送って「先日はありがとうございました、今後ともよろしくお願いいたします」と挨拶。

4回目に、その人のＦａｃｅｂｏｏｋの投稿に「いいね！」します。

5回目。その人のＦａｃｅｂｏｏｋの投稿にコメントを入れます。

ほら、これでもう、5回の接触になりますよね。

すでに**「3回安定・10回固定の法則」でいうところの「安定」を超えました。**

そこまでいってからようやく、

「この前お会いして楽しかったです。○月○日は空いていますか？」って誘うんですね。それも、いきなり誘うのではなく、まず日程だけ伝えて打診。

「空いてますよ。何があるんですか？」って返事が返ってきたら、いや、実は……って、内容を伝えるんです。そんなふうにコミュニケーションを重ねていったら、あっという間に10回の接触が可能になりますね。もちろん、実際に来店するよりは関係が深くないかもしれませんが、接触回数を増やすことで、この法則と近い関係性が生まれるのです。

そのやり取りの中で、相手の「繋がりたい」感情を満たしてあげることができますし、「この人連絡をたくさんくれる人だな」、というところから、「私のこと、気にかけてくれているのかな」となり、「感じのいい人だな」に変わっていくんです。

それに、もしもこうしたやり取りの中で繋がりをちゃんと築くことができたら、もし相手の都合が悪くてその日は断られたとしても、「また次誘ってくださいね」っていう展開になりやすいですよね。相手に選択権を与えてあげる余裕を持つことも、「繋がりたい」「愛されたい」という感情を満たすことに繋がりますよ。

それに、小分けにすることで1回1回のメッセージの分量が少なくなりますから、1回ごとの読ませる負担も減らせます。

この「小分けの法則」をセミナーでお話しているのですが、この方法をそのままやってみた受講生の方が、それまで10人程度しか集まっていなかった自主開催セミナーに3倍近い集客をした、という報告がありました。関係性づくりは、こ

5つの感情を作る!!
❶ 安心したい
❷ 繋がりたい
❸ 認められたい
❹ 変化したい
❺ 貢献したい

ういう簡単なことが案外大事なんです。

売り上げを上げること、集客をすること、そればかりに必死になってしまって、関係性を作ることがおろそかになっている人が本当に多いんです。

「商品に恋するな、顧客に恋せよ」

これは世界トップのマーケティングコンサルタント　ジェイ・エイブラハムの言葉です。自分の商品やサービスがいくらいいモノだからと言って、押し付けがましく一方的に集客や売り込みをしてはいけません。お客さまに恋をしていたら、そんなコミュニケーションは取らないはずです。それを考えていけば、いきなり長文のコピペメールは送らないですよね？

声を掛ける相手が、もしあなたの大好きな人だったら、どういう風に声を掛けますか？　どんなメッセージを送りますか？　ぜひイメージしてみてください。

プロフィール写真を掲載する

単純接触効果に関連して、ひとつ、**絶対に気をつけてもらいたいこと**をお伝えします。

それは、ＳＮＳでもプロフィール写真はきちんと顔の写っているものにしてください、ということです。「単純接触効果」は、馴染みになるということが大事ですから、顔がちゃんと見えている必要があるんですね。なのに、プロフィール写真が、たとえば集合写真だったり、ペットの写真にしていたり、もっとひどい場合にはアイドルや芸能人の写真を借用していたり、全然関係のない写真を貼っていたり。それでは、あなたとの「単純接触効果」になりません。

「繋がっている」という感情を満たすのが目的ですから、顔写真をしっかり見せてあげましょう。そうすれば、いつもあなたと会っている気持ちになって、単純接触の効果がきちんと発揮されます。

人間の脳は、バーチャルもリアルも、同じものとして記憶されると言われています。だから、テレビで見かけるだけの芸能人に親しみを感じたり、好きになったりするんですね。

それとまったく同じことです。

ＦａｃｅｂｏｏｋなどＳＮＳをビジネスとして利用しているのであれば、プロフィール写真をちゃんと顔写真にすること。名刺にも、顔写真を入れるとそれを見るたびにあなたのことを思い出してもらえます。実際には、あなた本人でなく、顔写真と接触しているのに、あなた本人と接触しているのと同じ効果を得られるんです。

ＳＮＳをまったくのプライベートで使いたいから、という場合はこの限りではありませんが、そもそもこの本を手に取って読んでくださっている方は、ほとんどがＳＮＳをビジネス利用されていることと思います。

思い当たる方は、今すぐ、プロフィール写真をきちんと顔が写っているものに変更しましょう。せっかくですから、ペットやアニメのキャラクターや、ましてやどこかの芸能人ではなく、あなた自身との単純接触を増やして、あなた自身と繋がってもらいましょう。

そして、できればプロに写真を撮ってもらいましょう。あなたの写真を見た人は、その写真だけであなたを判断することでしょう。ちなみに、私のプロフィール写真は、ミス・ユニバースや劇団四季のポスター撮影などの実績を持つカリスマカメラマン、菖蒲タケルさんに撮っていただいています。

紹介して繋いでいく

影響力のある人と、影響力の無い人。
どちらが集客に有利だと思いますか？

……なんて、今さら聞くまでもない質問ですよね。
もちろん、影響力のある人のほうが有利です。

では、影響力がある人って、どんな人でしょう？

考え方は人それぞれだと思いますし、さまざまな指標があると思いますが、私は、その人がいないときに、どれだけ名前を出してもらえるか、だと思っています。

たとえば、Ａさんのいないところで、ＢさんがＡさんの話をしていた、それが影響力の指標だと思うんです。もちろん、良いことで名前が出るのに越したことはありません。けれど、悪いことで名前が出たとしても、それはそれで一種の影響力であることは確かです。でもやっぱり、せっかくならいいことで、プラスの影響力を持ちたいですよね。

そのために私は、「人と人を繋ぐ」ことを意識的に行っています。

たとえば交流会やセミナーに行ったときに出会った人の話を聴いて、あっ、この人に、私の知り合いのあの人が繋がったら、何か面白いことになるんじゃないかな、お互いにプラスになるんじゃないかなっていうのを常に探しています。

私の紹介で、どんどん人が繋がっていく。

これ、実はとてつもない影響力を蓄積できるんですよ。

私を介して繋がった人たちは、私のいないところでも「そういえばあなたとは、佐々さんを通して繋がったんだよね」という意識が生まれます。そこにプラスの何かが発生したら、その人たちの両方から、繋げてもらったことへの感謝が生まれます。繋げてくれた人を大事にしてくれるんですね。もちろん、私がいないところでも私の話は出ることでしょう。

そういうことを常々行っていると、あの人に繋がっていたら良い人脈がもらえる、良い繋がりを得ることができる、って思ってもらえます。そうなったときには、あなたの影響力はあなたが考えているより、はるかに大きなものになっているはずです。

人の繋げ方がわからない人は、それが上手い人をよく観察して真似てください。つまりモデリングすることです。私がモデリング対象としているのは、ビジネスパートナーでもある、稼げるセミナー講師育成人　坂田公太郎さんです。彼は人を繋いでいく達人で、私は彼の真似をして、どんどん人を繋ぐことができるようになりました。

たまに、人脈を人に渡すことをためらう人がいます。しかし、人脈は出し惜しみしないことが大事です。繋げば繋ぐほど、自分の影響力も人脈も増えると思ってください。

私の尊敬する女性実業家のダマ奈津子さんは、神戸の北野異人館を観光地にした立役者で大成功者です。そのダマさんから私はロサンゼルスに住むユダヤ人の大富豪や、芸能界で活躍されている方をご紹介いただきました。ダマさんはまさに人脈を出し惜しみしない人物で、成功された要因のひとつはここにあると思っています。

「好き」と伝える

相手と繋がるコミュニケーションのテクニックのひとつに、「相手を褒める」というのがあります。

私は、そこをもう一歩踏み込んで、相手に

「好き」

と伝えるべきだといつも言っているんです。

恋愛のテクニックの本などを見ると必ず書いてあるのが「好きだと思っていても、伝えなければ相手に届かない」ということ。確かにその通りです。エスパーでもない限り、他人の思っていることは言葉にして伝えてもらわない限り、把握することができません。

だから、好きな人には「好き」と伝えることを推奨しています。

しかも、「好き」と言われた人は、言ってくれた人のことを少なからず意識するようになります。

これは恋愛に限った話ではないのです。

「あなたのこういうところが好きです」

「こんな部分が良いなと思っています」

そんなふうに伝えるだけで、相手の「愛されたい」という感情を満たしてあげることができるんです。

ヒントを見逃さない

「繋がりたい」という感情を抱えている人は、必ずヒントをどこかに出しています。

たとえば、交流会での会話の中で「私、今日知り合いが全然来ていなくて」とか「初めてこの交流会に参加したんです」なんて話していたら、それがヒントのひとつ。だって、交流会なんですから、知り合いを作りたくて来ているはずですよね。なのに「知り合いがいない」というニュアンスのことを言っていたら、そのときが、知り合いを紹介してあげるチャンスです。

あるいは、私がセミナーやイベントを企画して、Ｆａｃｅｂｏｏｋのイベントページを立ち上げてご案内を送ったときに、「興味あり」のボタンを押してくれた人がいたとしたら。その人は、このイベントや、あるいは私自身について関心はあるのだけれど、まだちょっと参加することに気持ちが定まっていない、というサインを送っています。

そこに気づきましょう。

実際、私がイベントページを立ち上げたとき、「興味あり」を押してくれた人のお知らせが来たので見てみたら、もう1年位会っていなかった久しぶりの人だったんです。これは**繋がりたい合図**だ、と直感したんです。

私、それに気づいたときにすぐ、その人にメッセージを送ったんです。お久しぶりです、お元気ですか？　って。

案の定、その人は「久しぶりに佐々さんに会いたいと思って」って言って、申

し込みをしてくれました。もし、あのときに「繋がりたい」のサインを見逃していたら、申し込んでくれなかったかもしれません。

「興味がある」というのは、イコール「好き」ということ。この人のことをもっと知りたい、近づきたい、という状態だと思うんです。その瞬間に、相手の「繋がりたい」感情を満たしてあげると、強いですよね。

2章—③

第3の感情
認められたい

小さなことを褒める

感情のマトリクスの3つ目をご説明しましょう。

「対自分」と**「対他人」**、**「快楽を求める」**と**「痛みから逃れる」**の、すべてが重なり合う窓。それが「認められたい」という感情です。

この感情は、満たされたいのに満たされていない、という人が多いんじゃないかと思います。

常に仕事で戦っている男性――いや、仕事で戦っているのは男性だけじゃないですね。女性だってそうです。「これくらい、仕事なんだからやって当たり前」とばかりに、特段褒められることもないけれど頑張っている人って、たくさんいる

5つの感情を作る!!
❶ 安心したい
❷ 繋がりたい
❸ 認められたい
❹ 変化したい
❺ 貢献したい

んじゃないでしょうか。

「認められたい」というのは人間として誰でも持っている感情なので、そこを満たして欲しいっていう気持ちって誰にでもあるんですよね。

自己啓発の本を読んでいても「自己受容感」という言葉をよく目にします。自分の中で自分を認めている状態、自己を承認するコップが満たされていないと、他人を認めることもできないよ、なんていう説を、あちらこちらで目や耳にします。

もしかしたら、この「認められたい」という感情は、現代人のテーマでもあるのかもしれません。だからこそ、認めてあげることそれ自体に、とても価値があるんですね。

ではどうやって認めるか。

初対面でいきなりその人の性格を褒めたら変ですよね。そういう不自然なことはせず、まずはあなたが感じることができた範囲で、小さなことから褒めてあげてください。小さなこと、というのは、外見だったり、名刺の中からなにか情報を得て褒めたり、あるいは内面についても、ちょっといいなと感じられる部分を見つけたら、そこを褒めたりするんです。

外見だったら、服装だったり、持ち物だったり。
観察してパッとわかることって、実はたくさんありますよね。

でも、観察しないと気づけないこともたくさんあります。
その人に関心がなかったら、まず「観察」という行為そのものをしません。

つまり、「観察」して、「気づく」ということ自体、その相手を認めているという表れでもあるんです。

次に**「名刺で褒める」**。

もちろん名刺自体が特徴的なものだったら、「うわぁ、何かすごい名刺ですね」って、名刺自体を褒めてもかまいません。

それ以外では、たとえば**肩書き**。

弁護士や税理士、社会保険労務士などの士業関係の人は、その資格を名刺に記載していると思いますし、それ以外でも何かの国家資格などを取得している人は、その資格を名刺に書いている人が少なくありません。名刺に書いている、ってことは、**その人がそこに誇りを持っている、その資格に価値があると思っている**証拠でもあります。

つまり、そこが褒めるポイントです。

「税理士さんなんですか？　すごい！」

「この資格って、めちゃめちゃ難しいんですよね」

あるいは、その資格自体が特徴のあるものだったら
「この肩書き、珍しいですね」

「面白いですね」

などと言って褒めます。


ほかにも、名刺の中には様々な情報が隠れています。卒業した大学を経歴の中に入れている人は、その大学を卒業したことを誇りに思っています。褒めてあげましょう。一流企業に勤めている人も、おそらくそのことについて誇りに思っています。そこも褒めるポイント。起業して、自分で会社を経営している人なら、「社長さん」ですからね。そこをちょこっと、くすぐってみましょう。

名刺には、その人自身が価値がないと思っていることは、おそらく書いてありません。ですから、**褒めるポイントを探すのに名刺はとても役に立ちます。**

中身を褒めるときには、その人との会話にアンテナを巡らせます。話をしている中で、この人凄いな、こういうところがいいな、と思ったらそこを素直に褒めるのです。

でも、そこもひと工夫しがいのあるところ。

私がよくやっているのは、褒めることは褒めるのですが、ちょっとだけ落とすようなことも入れて、笑いに転化したり、持ち上げすぎてその人の居心地が悪くならないように気をつけたりすることです。

たとえば、

「○○さんは、★★もできて、△△もできて、すごいですよね、何者なんですか⁉
まさに○○さんヘンタイですね！」といった具合です。

普通なら、「ヘンタイ」なんてもちろん悪い意味です。でも、たくさん褒めたあとにそれを差し込んでみたら、どうですか？　相手との距離が少し縮まるような気がしませんか？

もちろん、相手がそれを嫌がったら、速やかに謝って話題を変えましょう。でも、ちゃんとした人ほど、そういう扱いをされるのを好む傾向にあるようです。

『ユダヤ人大富豪の教え』本田健著（大和書房）にこう書かれています。

「偉い人には、あたかも彼が偉くないかのように接しなさい。
そして、偉くない人には、あたかもその人が偉い人のように接しなさい。

そうするとそのどちらからも君は驚きの目で見られるだろう」

私の経験から言うと、これはまさにその通り。

偉い人ほど自分を偉そうに演出しませんし、普通に扱われることを好みます。その一方で、それほど偉くない人に限って、いかにも自分が偉い人のように見せたがるんです。私が、一流のすごい方々に可愛がってもらえるのは、そのバランスを心得ているからかもしれません。

たとえば、偉い人が何か、つまらないギャグを言ったとしましょう。面白くなくても、周りは気を遣って、どうしたらいいやら反応に困っていたりするんですね。

そんなとき私は

「社長、それ、あんまり面白くないですよ」って、爆笑しながら伝えます。

周りのみんなは、内心思っていたけど言っちゃいけないと思っていたことをこの小娘が言ってしまって爆笑、社長も、自分のギャグを〝拾って〟もらえたことにご満悦です。たとえつまらないギャグでも、スルーされたり反応がなかったりするのが、ギャグを言った本人にはいちばん堪えるんですから。

そんなふうに、相手によって反応を変えることも必要です。

でもそのためには、判断を誤らないためにも相手をしっかり観察することが大事になってくることを、忘れないでくださいね。

良いこと探し

相手をしっかり観察すること。それは決して、ダメ出しのために観察をするのではありません。相手の良いところを、ふだんから見つける習慣をつけておくためです。

もちろん、服装や名刺の情報もそうなんですが、それだけでなく、その人がとっている**行動にも注目**してください。

たとえば、交流会で人見知りの人が参加していて、あまり周りの人とお話ができていないようなときに、その人に話しかけに行っているのを見たら、「○○さん、やさしいですよね。みんなが楽しめるように気を配っていましたね」って伝えましょう。

自分のとった行動を認めてもらえた、と、喜んでもらえるはずです。

相手をしっかり観察してみても、なかなか良いところを探し出せない、何て言う人がもしいたら、そういう人はたぶん、自分自身の良いところを探すのも苦手なのではないでしょうか。他人の良いところを発見するためには、自分の良いところも知らなければいけません。そういう人は、自分の良いところをとにかくたくさん書き出す、というワークをしてみるといいと思います。

自分のことを褒めるのはダメだ、って思っている人は結構多いのですが、それは謙虚でもなんでもありません。

まずは自分を満たしてあげない限り、他人を満たすことはできないのですから。

Youの褒め方、Iの褒め方

コーチングの手法で、**「アイメッセージ」**というものがあります。

多少、批判的なことを相手に伝えなければならないときに、主語を「あなた」ではなく「私」にして、その視点で伝えると、相手の心に届きやすいというものです。

たとえば、相手に不満があるとき

「You」メッセージ・・・「だから、あなたはダメなのよ」
「I」メッセージ・・・「私はあなたの行動に悲しくなるの」

このように、自分の意見を伝えるときに、**主語を「私は〜」にしてみる**のです。

そうすることで、自分の発言に責任を持つことになります。

一方、主語を「あなた」にして発言すると、相手に批判的な発言と感じさせてしまうので、注意が必要です。

このやり方は、苦情を言うときだけでなく、褒めるときにも有効です。せっかく褒めても、褒められることに居心地が悪くなってしまう人がいるからです。

そういう人は、「あなたはすごいですね」っていう褒め方を、なかなか受け入れることができません。でも、この主語を「私」にして伝えてみると、どうでしょう。

「You」メッセージ・・・「あなたはすごいですね」
「I」メッセージ・・・「この前、あなたにもらったメッセージにすごく励まされて、私は頑張れたんです」

どうでしょうか。これだと受け入れやすくなりませんか？

また、「You」が主語だとどうしても、上から目線な表現になってしまいがちですが、「I」が主語だとそれも和らぎます。

ぜひ様々な言い方を、「I」を主語にして言い換える練習をしてみてください。

他己紹介で褒める

これはとても、やりやすい方法です。

さっき、人と人を繋いでいくということをご説明しましたが、繋ぐときにそれぞれに相手を紹介しますよね。そのときにガンガン、この人はすごい人なんだよ、ということをアピールするのです。

本人の目の前で言うのですから、もちろん褒めている本人の耳に入ります。でも、それを「他人に紹介する」という場面を借りて行うので、それがとても客観的な評価であるように演出することができます。これなら、褒める側も、褒められる側も、それほど抵抗なく、照れくさくもなく、受け取れるのではないでしょうか。

このやり方は、たとえばFacebookメッセンジャーや、メール、LINEなどにも応用がききます。紹介したい人それぞれのアカウントを含む「グループ」を作って、メッセージを送ればいいのです。

「グループメッセージを作りました！　AさんにBさんのことを一通り説明しましたが、改めてご紹介しますね。Bさんはこんなにすごい人で……（中略）。だからきっとAさんの力になってくれると思います！」

というような褒める紹介を、ふたりに対して一度に行えば、ふたりとも、それぞれ自分が褒められていることを目にするわけです。面と向かって、「あなたってすごい」と言われるよりも受け入れやすいし、なにより「褒められたい」「認められたい」という感情を、抵抗なく満たしてあげることができます。

リアクション3倍で褒める

私はとにかくリアクションが大きい、というのは、自他ともに認めるところです。だって、リアクションって、簡単に出来るのにコミュニケーションに於いて本当に重要なんですから！

たとえば、平然とした表情で
「ああ、そうなんですか、すごいですね」

って言われるよりも、

「えええっ？　そうなんですか!?　すごいじゃないですか!!」

っていう反応をされたほうが、はるかに伝わってきますよね。

これが大事なんです。

それは1対多のときでも同じです。

たとえば、セミナーを受講するのなら、いちばん前に座って、会場中でいちばんのリアクションをすることを心がけています。私自身も講師をしているから講師側の気持ちもよくわかるのですが、いいリアクションで聴いてくれる人って、めちゃめちゃ目に入るんです。すごく印象に残るんです。じつは、講師との関係性はそこからスタートしていると言っても過言ではありません。

多くの人は、セミナーなどを受講するのは、受講そのものが目的だと思いますが、私の場合は、ほとんどが「講師と関係性を築くこと」がセミナー受講の目的です。

だから、いちばん前の席で、いちばんのリアクションで、大きくうなずいて見せたり、「ああ、なるほど！」って声に出して相づちを打ってみたり、もちろん、講師が何かギャグを放ったらしっかりと大きな声で笑ってみたり。

そうするとだいたい、セミナーが終わってからの名刺交換で

「今日、すごいリアクションで聴いてましたね、嬉しかったです」

って言われます。

そうなったら、講師との関係性づくりの第一歩は大成功ですよね。

私はこのリアクションで初めてお会いした有名講師の方から、お会いした翌日に「あなたのクライアントになります」というメッセージをいただいたことがあります。リアクションは、まったく費用がかかりません。その割に、やたら効果が高いのが特長。相手の「認められたい」感情を、しっかりと満たすことができるからです。費用対効果の面から考えても、これをやらないテはありません。

名前で呼ぶ

何度も繰り返していることですが、集客とは、人を集めることです。人を集めるというのは、Ａさんやｂさんやｃさんを集めることであって、「客」というざっくりした存在を集めるということではありません。

だから、ひとりひとりとしっかり向き合いましょう、ということを「はじめに」のところでもお伝えしました。

ひとりひとりに向き合う。それは、お客さまひとりひとりの存在を認めることに繋がります。でも、いくらこちら側がお客さまひとりひとりの存在を認めていても、それを上手く伝えられなかったら、相手の「認められたい」という感情を満たすことになりません。

ひとりひとりを認めていることを伝える、良い方法があります。

名前で呼ぶことです。

一流ホテルなどでは、利用客を名前で呼ぶのを通例としているようです。確かに、利用するのが2回目のときに

「佐々様、先日はありがとうございました」

なんて言われて迎えられたら、あっ、前回利用したことを覚えていてくれているのかな、なんて、うれしくなってしまいます。

これを、普段の会話の中でも応用するのです。

ちょっとしたときでも、呼びかけるときには名前で呼ぶ。メールやメッセージを送るときでも、まず最初に名前で呼びかける。それだけで、メッセージを受け

取った人は、自分が大切に扱われているのを感じてくれるはずです。

メールマガジンでも、1通1通にメール受信者の名前を入れることができる設定があります。その設定をして、「○○さん、こんにちは」で始めたメールマガジンのほうが、設定しなかったメールマガジンに比べて、圧倒的に開封率が高くなります。

これまでいちばん開封率の良かったメールマガジンは、他の方のセミナーをご紹介する内容だったのですが、そのときにつけたタイトルが「○○さんに紹介したい方がいます」。これがものすごく開封率が良かったんです。

それだけ、特別な感じというか、他の誰か宛でなく、自分宛に書いてくれてるんだなと思っていただけたということでしょう。

名前で呼びかけるというのは、そのくらい強いパワーがあるんです。

特別感を出す

私がセミナーの集客をするとき、いちばん始めにすること。それは、必ず予告投稿を行うということです。

たとえばFacebookで、

「私が過去に1万5000人を集客してきた秘密を、少人数の方に公開しようかなと思っています。興味のある方はメッセージくださいね」

などという投稿を、集客を始める前にしておくのです。

そうすると、興味のある人は本当にメッセージを送ってくれます。その人たちに、まず優先的にお知らせします。ちょっと秘密めいた感じがしますよね。それが良い効果になるんです。

他の例を挙げて言うなら、

「自分の信頼している人が、今度、恵比寿にお店を作ったので来てくださいね」

ではなくて

「今度、恵比寿で完全紹介制のバーができるそうです。行きたい人がいたら連絡ください。招待状をお送りします」

といった感じに投稿します。ちょっと気になりますよね。なんとなく行ってみたくなってきます。

人間は、自分自身が特別だと思いたい生き物です。特別な場所に行きたいし、特別扱いをされたいもの。だから、私はそういう予告投稿を行って、「興味のある人にだけ、これを公開しようと思います」と伝えるんです。

誰でも知ることができるわけじゃない。
スペシャルな人だけが知ることができる。この感じです。

そうすると、「ちょっと興味があるんですが、詳細を教えてもらえますか？」というメッセージが入ります。そこから、「小分けの法則」でまず内容だけ伝えるのですが、早い人はその時点でもう「行きます！」っていう返事をくれるんです。

まだ金額も伝えていないのに！
すごくないですか？

なぜかというと、自分は**特別なものを手に入れた、という感覚になる**からなんですね。決して値段が安いというわけではないセミナーでも、このやり方で過去に何度も満席にしてきました。

ちょっとまだ定員までに余裕があるかな、というときには、個別にこんなメッセージを送ります。

「○○さん、△月×日は空いていますか？　超人数限定で入れる、こういう会があるんですけど……」

自分だけに、特別に送られてきたメッセージ。多くの人は、それを無視せず、「それ何ですか？」「何があるんですか？」って返事をくれます。そこで

「すごく人数限定のイベントなので。これは是非、先に○○さんに伝えたいなと思ってメッセージしたんです」

こんな感じで、特別感を出していきます。こういう「特別感」は、いろいろなやり方で演出できます。以前開催して成功した「ユダヤ人の語る成功ノウハウ」のセミナーでは、こう投稿しました。

「誰でも来て欲しいイベントじゃないので、イベント詳細を欲しい人だけメッセージください」と。

めちゃめちゃ上から目線ですよね。

でも、そのほうが問い合わせはたくさん来るんです。特別感を演出して、「あなたはそれに参加できるだけの、選ばれた人なんです」という形をとる。それも「認められたい」という感情を満たすひとつの方法です。

ちなみに、このセミナーは2時間で2万5000円と少し高額でしたが、即日満席になりました。

2章―④

第4の感情
変化したい

強みの発見

４つ目の窓は、**「変化したい」**という感情です。**「快楽を求める」**と**「対自分」**の交わる部分ですね。

人は、一定のものが満たされてくると、今度は「変化したい」という欲望が湧いてきます。平凡な繰り返しの毎日――会社も充実しているし、奥さんも子供もいて家庭も平和だけれど、オレはこのままでいいのかな？　みたいに考えちゃう人っていませんか？　それって**「変化したい」という、人間の根本的な感情のひとつ**なんですよね。そこを満たしてあげよう、というのがここからのお話です。

変化したい、というのは、誰でも潜在的に思っていることで、わざわざ決意表

５つの感情を作る!!
❶安心したい
❷繫がりたい
❸認められたい
❹変化したい
❺貢献したい

明をして「オレ変わりたいんです!!」というケースは、そんなに多くはありません。でも確実に誰の中にも、「変わりたい」「今のままでいいと思わない」という意識があります。そこを満たしてあげましょう。

満たし方のひとつとして、**「強みの発見」**があります。

先日、こんなことがありました。

税理士の方と名刺交換をしたとき、裏側にその方の特徴として「家族を大事にしていて、年に4回海外旅行に行っています」と書いてあったんです。そこを指摘しながらこう言いました。

「これ、すごい強みになりますよね、〝家庭円満税理士〟にすれば、家庭円満を目指している経営者に響くんじゃないですか？」

この一言が、その税理士さんの新しい道を拓くことになったようです。

強みって、その人自身が見つけるものというより、他人が見てわかるものなのですね。自分自身で「これが強みかな」と思っていることがあったとしても、人から見るその人の強みは全然違うところにある、何ていうのはよくある話です。

だから、あなたの目から見たその人の強みを、伝えてあげましょう。

「あ、そうなのかも」「確かに」って、それを受け入れた時点から、その人はさらに変化できるかもしれないし、さらに成長できるかもしれません。

悩みの明確化

自分のことって、自分でわかっているようでいて、案外わかっていないことが多いんです。その人自身の抱えている悩みって、実は本人があまりわかっていないというケースもたくさんあります。

自分の悩みなのに、自分でわからないってどういうこと？　と思われるかもしれませんが、自分でもよくわからないモヤっと漠然とした悩みを抱えている人って、周囲にいませんか？

「何かよくわからないけれど、このままじゃダメな気がする」
なんていうのが、まさにそれです。

そんなときは、**誰かに質問されることで、自分の中の悩みが明確化します。**そういう経験も、誰もが一度はあると思います。

だから、今度は**それをあなたが相手に対してやってあげる**のです。

質問の仕方は簡単です。

たとえば、会って最初は、褒めたり安心させたりしますよね。その中で

「それだけ何でもそろって、ご活躍の○○さんなら、もう悩みなんてないんじゃないですか？」みたいな質問をしてみます。

ある意味、すごくストレートですよね。

でもこの質問を投げかけると「いや、そんなことないんですよ」みたいな答えがだいたい返ってきます。そうしたら

「ええっ、そうなんですか？　悩みって、何があるんですか？」

と、またまたストレートに訊いちゃいます。

さらに質問を繰り返して会話をしていくうちに、悩みが顕在化してきます。悩みでなくても、こうなりたい、という希望や願望が、質問によって明確化します。

悩みが明確化されたり、その人の強みが明確化しだすと、その相手は「えっ、もしかして自分って価値がある？」と気づきはじめます。そして「会話でそんなことまで気づかせてくれるなんて、ありがとうございます！」と感謝されるのです。

自分に価値があることに気づいて、自分の成長にワクワクできるような状況になると、それに気づかせてくれた人のことを「すごい！」って思うようになるし、好きに繋がっていくんです。

これは、決して難しいことではありません。見ていて本当にいいなと思ったことを伝えてあげるだけで、強みの発見に繋がるのですから。

質問は価値の発掘作業！

5つの感情を作る!!
❶安心したい
❷繋がりたい
❸認められたい
❹変化したい
❺貢献したい

未来予言 ～本人よりもその人の未来を信じる

ちょっと悲しい話なのですが、先日、友人から聞いた感動エピソードをご紹介します。友人の知り合いの、とある音楽事務所の方が亡くなりました。楽しいことが大好きだったその人にふさわしく、お別れ会は多数のミュージシャンが集って、涙あり笑いありの華やかなひとときとなりました。

亡くなった方が担当していた歌手の方が、私にこう言いました。

「あの人は、私の作品をとにかく信じてくれたんです。私が判断するよりももっと、ずっと高い価値を与えてくれました。そのおかげで、私は歌い続けることができました。これからも、あの人が信じてくれた歌を大切に歌い続けます」

涙が止まらなくなりました。

その歌手の歌は、本人よりもその才能を信じていたマネージャーによって支えられていたんです。

また、別のときに、今や日本を代表する人気バンドのメンバーが、デビュー直後を振り返ったときの話をしてくれました。

多くの関係者が、彼らの曲に見向きもせず、素通りしていく中で、とあるコンサート制作会社の社長さんが「君たちは金になる」という表現で、彼らの将来性を予言したそうです。

「金になる」なんて随分と生臭い言い方ではありますが、自分たちの作品を評価してくれる人がいる、というだけで、その後の活動に迷いがなくなったそうです。

誰かが、自分のことを認めてくれて、自分の未来を信じてくれている。
それはなんと、心強い支えとなることでしょう。
それがあれば、自分の未来が今よりももっと、ワクワクしたものになっていきますよね。

「○○さんなら絶対できますよ」

これは、言われた人を勇気づけ、言った人が愛されるようになる、マジックワードです。本人が、自分のことをどのくらい凄いと思っているかどうかなんて、関係ありません。

「あなたはすごいんです」

って、相手のことを、あなたが認定してあげましょう。

「○○さんなら絶対できますよ」
そうしたら、その人はあなたのことを「この人といると、何か新しい未来が見えてくる」「自分の変化する姿が見える」と思うようになるはず。それはまさに、「好き」の感情ですよね。

私自身も、独立したばかりの頃に出会った師匠から
「お前は絶対すごくなるぞ」
って言われて、めちゃめちゃうれしかったのを覚えています。

まだ何の実績もなく、能力を示すものもありませんでした。でも尊敬する人にそう言ってもらったことですごく自信がついたし、本当にそうなれるように頑張ろうと、強く思いました。

他の人の前でも、師匠は

「この子、将来すごくなるからよろしくな」って、前項でお伝えしたような「他己紹介で褒める」をやってくれて、とても感動しました。

そう言ったことが間違っていなかったと思っていただけるような生き方を、絶対にしよう、それで、私を信じてくれたことへの恩返しにしようと強く思います。

そのくらい、本人よりもその人の未来を信じるってすごい力があるんです。

それを相手に対してやってあげることで、「変化したい」という感情を満たしてあげることができるはずです。

変化のストーリーを語る

セミナーに参加するとよく、そのセミナーを既に受講した経験のある人が、「このセミナーを受けたことで、こんな風に変わりました！」なんていう体験談を話す時間がありますよね。

これは、他人が変化したストーリーを聴くことで、その成功を追体験し、自分も変われるかもしれないと思う、効果を狙ったものです。

私も、独立当初によく「師匠と出会って、私はこんなふうに人生が１８０度変わりました」という話をしました。

話を聴いた多くの人が、自分もそんなふうに変われるかもしれないと思ってくれて、当時そのセミナーに70人ほどを集めることができました。

みんな、私の体験談を聴いて、**自分を重ね合わせて追体験をしたん**ですね。

もちろん、それぞれに環境も違えば、状況もひとりひとり違います。でもその人の事情の中のどこかに私の話が引っ掛かって、自分にもそんな変化が起こるかもしれない、という夢を見ることができたのです。

そういったことも、「変わりたい」というその人の感情を満たすことに、一役買ってくれるんです。

2章―⑤

第5の感情
貢献したい

小さなお願いをせよ

感情のマトリクスの5つ目の窓。それは、**「対他人」**と**「快楽を求める」**が重なる部分の**「貢献したい」**という感情です。

人って、人の役に立ちたいという気持ちをもともと持っているんですね。その感情を満たしてあげることが大事です。

では、どうすればいいか。

まずは**相手に、簡単に叶えてもらえそうな、小さなお願いをしましょう。**

お願い事をすることに、抵抗を感じる人もいるかもしれません。こんなこと頼

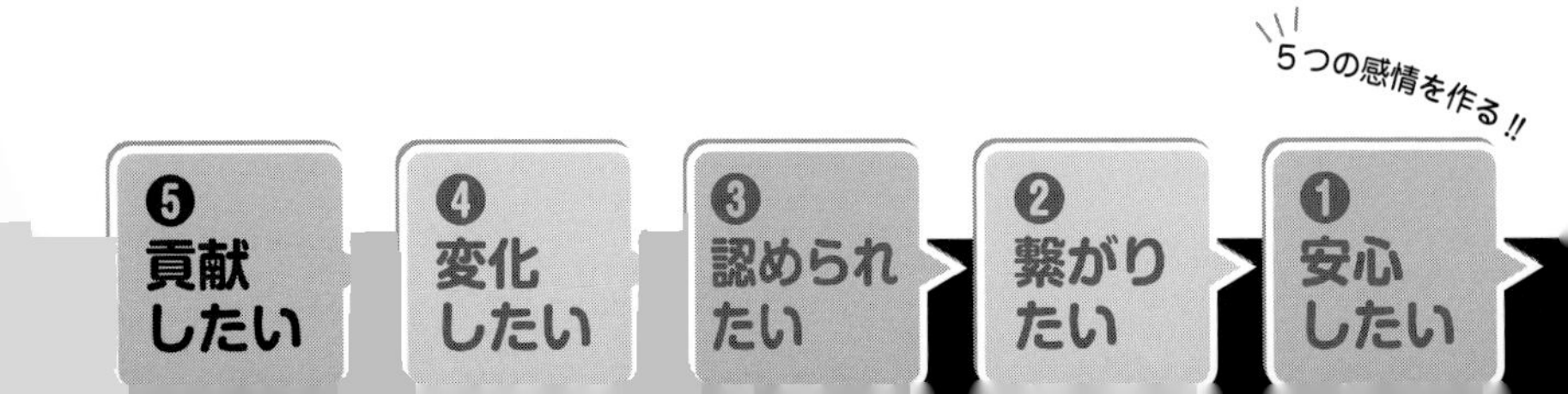

5つの感情を作る!!
❺貢献したい
❹変化したい
❸認められたい
❷繋がりたい
❶安心したい

んでもいいのかな、なんだか申し訳ないな……なんて思って、頼みごとを躊躇してしまう人もいますよね。でも、大丈夫です。むしろ、**頼ることでその人の感情を満たす**ことになるんですから。

とはいえ、いきなり重大で深刻なお願いをするのはちょっと待ってください。まずはその人が簡単に叶えられそうな、ちょっとしたお願いをしてみてください。

たとえば、

「今度、新宿で打ち合わせをするんですが、どこかおすすめの場所はありませんか？」

という程度のものがいいでしょう。もしおすすめの場所があれば紹介してもらえばいいし、その人が良い場所を知っていなくて断られたとしても、特段、あなたにも相手にも傷になりません。

貢献という意味で言えば、小さなお願いをすることもその人に対しての貢献のひとつ。「貢献したい」という感情を満たしてあげる、という意味での〝貢献〟ですね。

私の経験では、こんなことがありました。

「大人の夢学校」と題した、大規模なセミナーイベントを企画したときのことです。講師は、著名な先生ばかり8名。４００名規模の会場です。

裏話をすると、実はあのイベント、開催の2週間前の時点で、申し込みが50人しかいなかったんです。４００人の会場に、開催2週間前で申し込みが50人。

主催者としては、恐怖でしかありません。

もういっそ、中止にしてしまおうか——そんなことも頭をよぎりました。

でも、あきらめずにとにかく何とか必死でやってみよう、と決意した私がやったのは、参加申し込みをしてくれた人に、こんなお願いをしたのです。

「○○さん、このたびは『大人の夢学校』にお申し込みをありがとうございます。まだこの情報を知らない人がたくさんいるので、是非お友だちに伝えてあげてもらえませんか？」

まさに**「小さなお願い」**です。

全員の方がお友達を誘ってくれたわけではありませんが、なかには「わかった。じゃあ30人コミットする」って言って、たくさんのお友だちを連れて来てくれた人もいました。

申し込みを済ませた人全員にその「小さなお願い」を送り終えたら、次は、案内したものの、都合で参加できないという連絡をくれた人に、同じように「お友だちに紹介してください、情報をシェアしてください」という小さなお願いをしました。幸いなことに、Ｆａｃｅｂｏｏｋでお友だちになっている人が次々にシェアしてくれ、そういうことを続けるうちに、私のＦａｃｅｂｏｏｋのタイムラインが「大人の夢学校」だらけになりました。そこまでいくと、こちらからお願いした人以外にもシェアをしてくれる人が現れます。

ついに、イベントページのシェアが１５０件という数にまでなりました。通常はシェアは5件あればいいほうですから、この数字がどれだけ凄まじい数か、おわかりいただけると思います。最終的にはその2週間で無事に、ほぼ満席に近い状態にまで参加者を集めることができました。

これはまさに、「貢献したい」という気持ちを動かしたからこそ可能になったことです。

当日集った人は、みんなが宣伝に手を貸してくれた人。だから会場に一体感があって、なんだか温かい雰囲気に包まれました。イベントの最後に挨拶をさせていただいたときには、400人のみなさんが一斉にスタンディングオベーションで祝福してくれたんです！

これは「小さなお願い」と呼ぶにはちょっと大きめの話だったかもしれません。もちろん、日ごろからいろいろな方の応援をしてきたからこそ、逆に応援してもらえたということもあると思います。その意味では、常日頃の姿勢も大事になってくると言えますね。

感謝を伝える

小さなお願いをして、それに応えてもらったときには、あとでちゃんと感謝の気持ちを伝えましょう。先ほどの、新宿の打ち合わせにオススメの場所を教えて、という例で言うと、

「教えていただいて、ありがとうございました！　あの場所、すごく打ち合わせしやすかったですー！」

と、お礼を言って、その人の貢献度を高めてあげてください。

その後の結果や、途中経過を伝えるのもいいでしょう。

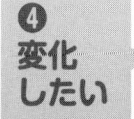

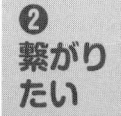

本人に直接お礼を言うのも、もちろん大事ですが、ここで「認めて欲しい」感情を満たしてあげたときの「他己紹介」と同じ手法を使うのも効果的です。

つまり、**他人の前で、小さなお願いを叶えてくれたことへのお礼を言う**のです。

相手と、あなたと、第三者が同席しているとき。その第三者に対して、

「この間ね、○○さんに新宿でおすすめの打ち合わせ場所を教えてもらったんですよ。そうしたら、めちゃめちゃ穴場の、すごくいい場所を教えてもらったんです！　すごく助かりました！」

そう、伝えるんです。

その相手は、あなたに貢献できてうれしいし、感謝してもらってうれしいし、さらに第三者に対しての評価も上がることで、トリプルの喜びになりますよね。

それを「Facebookに投稿する」という形式をとることもできます。そうすると、同席した第三者だけでなく、より多くの人の目に触れることに繋がります。

公の場でその人を称える。貢献してもらったことを称える。そうしたら、あなたに喜んで欲しくて貢献したことの嬉しさに加えて、承認された喜びも大きくなるでしょう。そういうふうに、第三者の目を意識しながら感謝を伝えるというのも、ひとつの効果的なやり方です。

なお、「貢献したい」というレベルは、相手との関係性によって変わりますから、そのバランスを見ながらお願いをすることも必要です。でも、基本的には誰もが「貢献したい」という感情を持っています。妙な遠慮をせずに、その感情を満たしてあげることが大事なのです。

3章 「好き」＋「すごい」の効果

「すごい」という感情を強化させよう

感情のマトリクスによる5つの感情を満たして「好き」という状態を作ったら、さらにもうちょっと欲張りになってみましょう。もう一歩、相手に踏み込んだ状態を作ります。

それは、「この人の言うことなら、何だってやろう」「この人の薦めるものは、何だって買おう」という状態を作ることです。

「好き」という状態だけでは、まだそこまで到達することができません。「好き」という状態をさらに強化させて、「すごい」という感情で補強しないといけないのです。**「好き」に「すごい」がプラスされると、人は相手のことをとことん信頼するようになるんです。**

「すごい」を構成する三要素

「好き」を強化する「すごい」は、3つの要素から成り立っています。

・スピード
・外見
・権威

この3つです。

「スピード」は、レスポンスが早いということ。

レスポンスが早いと、それだけで信用されます。

それは相手のことを大切にしている度合いを表わしているからです。
たとえば、「じゃあ、★★さんを紹介しますね」っていう話になったのに、実際に取り次いでくれたのが2週間後では、全然インパクトがないですよね。

その場で取り次いでしまうくらいにレスポンスが早ければ、それだけ相手はあなたに大事にされていることを感じるはずです。その積み重ねが**「すごい」**を作ります。スピード重視でレスポンスすれば、同じことをやっていても、より大きな効果が得られます。

「すごい」を構成するふたつめの要素は、**外見**です。
これは、服装や髪形などの話もありますが、それを含めたヴィジュアル面のすべてを表します。

先ほど2章でお伝えした警備員の服装の話と同じで、見ただけでわかる格好をするということがとても大事なのですが、威厳を保ちたいならそう思われるような格好をするとか、自分の作りたいイメージに沿った外見づくりをすることも必要です。

さらに、姿勢とか、立ち居振る舞いすべてが影響してきます。ピシっと、背筋を伸ばして胸を張って立っていたら、それだけでなんだか自信がある人のように感じませんか？　自信がある人、というのは、それだけで「信頼できそう」なオーラを漂わせます。

ここで重要なのは、極端な話、中身は全然自信がない人でもいいのです。いえ、本当はもちろん、内面も充実していてそれが外側ににじみ出てくるようなヴィジュアルであれば言うことはありませんが、たとえ内面に自信がないとしても、背筋を伸ばし、胸を張って、堂々と笑顔を見せていれば、内面がどうであろうと、自信のある、信頼できそうな人に見せることができるんです。

自信がある人に見える、というのはとても重要です。

だって、あなたは自信なさげな人から何かを勧められて、それを買いたいと思いますか？　乗ったバスの運転手が運転に自信なさげだったり、手術をする際に、執刀医が自信なさげだったら嫌ですよね。それと同じです。

商品でもサービスでも、買うのであれば、堂々としていて自信のある「プロ」から買いたい、と思うのが普通ではないでしょうか。商品やサービスの対価としてお金をもらうのなら、たとえそれが1円であったとしても、れっきとしたプロです。自信のないプロはお客さまに失礼です。

「すごい」を構成する3要素の最後は、**「権威」**です。

お客さまは、肩書きやプロフィール、数字で、あなたがどのくらい凄い人なのかを判断します。だから肩書きってとっても重要なんですね。「この人凄いんじゃないか」と思ってもらえるような、強めの肩書きを付けるといいかもしれません。

それから、実績の中でナンバーワンになったものがあれば、たとえそれがどんなに狭い範囲のことでも経歴に加えておきましょう。

たとえば、私はかつて、セミナーコンテスト大阪で優勝しました。って聞くと、おっ、すごいなって一瞬思ってもらえますよね。でもよく見ると「大阪」という地域でのこと。そのあと各地の優勝者が競い合う全国大会がありました。私は全国大会で優勝したわけではなく、あくまで「大阪」での優勝者なのですが、それでも「優勝」という言葉だけで、凄いと思ってもらえることも少なくありません。

だから、小さな範囲でのナンバーワンで構わないので、ナンバーワンになった事実があれば、それを遠慮なく経歴に加えるようにしましょう。

4章

どの感情が満たされていないかを知る

あなたはどの感情が一番強い？

ここまでは感情のマトリクスを使った5つの感情と、そこから作った「好き」の状態をさらに強化させることについてお話をしてきました。

では、あなたが向かい合おうとしているその人は、**どの感情が満たされていないのか、どこを満たして欲しいと思っているのか**、その見分け方をご説明しましょう。あなた自身に置き換えて読んでみてください。あなたは、どの感情が一番強いでしょうか。

なお、すべての感情を誰もが持っていて、どれが良い悪いというものではありません。とくに満たして欲しい感情が人それぞれ違うということです。

安心したい人の特徴

〈根本心理〉

安心して不安から逃れたい。

〈交流会やパーティーなどでは〉

名刺交換などは近くの人とだけして、あまり動き回りません。知り合いがいればその人と一緒にいることを好みます。壁際など隅の方に目立たないように立っています。大人数の場所は苦手で、少人数のほうが好きな方が多いです。

〈会話の特徴〉

緊張しているので口数が少ないです。緊張がほぐれてくるとだんだん雄弁になります。人数が多くなると話さなくなります。

〈性格の特徴〉

うれしいことは知っている人や知っている場所にいること。新しいお店より馴染みのお店が好きです。苦手なことは初対面の人や初めての場所に行くこと。

〈喜ばれること〉

安心したい人は、もっと安心できる場所に行きたい、という欲求が強いので、

「今日、知らない人ばっかりで緊張してるんです〜」

「○○さんと話してると何だかホッとできます」

みたいに共感できることを言うと良いでしょう。

繋がりたい人の特徴

〈根本心理〉

孤独から逃れたい。

〈交流会やパーティーなどでは〉

いろいろな人に積極的に名刺交換をします。沢山の人と繋がりたいと思ってい

ます。自分から人を繋いでいきます。自分で交流会を主催していたり、いろいろな場所へ顔を出します。

〈会話の特徴〉

自分も話し、相手の話も聴く、バランスの取れた会話をします。メッセージのやり取りなど量や回数が多く、それがストレスになりません。

〈性格の特徴〉

嬉しいことはたくさんの人と繋がれることや人を紹介してもらえることです。人に会うと元気が出ます。苦手なことは一人で仕事をしたり、一人で食事をすること。ＦａｃｅｂｏｏｋなどのＳＮＳが好きです。

〈喜ばれること〉

繋がりたい人は、もっとたくさんの人と繋がりたい、もっと人を繋ぎたい、という欲求が強いので、

「〇〇さんってすごい人脈ですよね！」

「〇〇さんに紹介したい人がいるんですよ」

みたいに繋がりを感じさせる会話が良いでしょう。

認められたい人の特徴

〈根本心理〉

存在を認めて欲しい。

〈交流会やパーティーなどでは〉

名刺に資格をたくさん書いている（本業と関係ないものも）

資格や出身校、実績などを判断基準にします。

主催者やゲストなどと積極的に名刺交換をする。著名人と写真を撮り、Ｆａｃｅｂｏｏｋなどの投稿は著名人との2ショットが多い。

〈会話の特徴〉

自己紹介が長い。繋がりがかなり薄くても著名人の名前がよく出てくる。自分の過去の実績を語る。聴くより話すほうが多い。

〈性格の特徴〉

嬉しいことは褒められること。

苦手なことは自分の失敗を話すこと。

〈喜ばれること〉

認められたい、スゴイと思われたいという欲求が強いので、

「それだけの実績があるなんて○○さん何者なんですか？」

「○○さんってこんな資格を取っててスゴイですよね！」

「○○さんがいるだけで場が盛り上がりますよね」

などスゴイと思うことを率直に伝えると良いでしょう。

変化したい人の特徴

〈根本心理〉

ワクワクする未来を見たい。

〈交流会やパーティーなどでは〉

主催者やゲストに積極的にあいさつをします。著名人や自分より立場が上だと思う人と話をしたいと思っています。

〈会話の特徴〉

過去や現在の話より未来の話が多いです。

〈性格の特徴〉

嬉しいことは変化を感じることや新しいこと。苦手なことは同じことを何度も繰り返すこと、過去を振り返って見直すこと。基本的に飽きっぽいです。

〈喜ばれること〉

変化をしたい人は、もっと自分が成長できる場所に行きたい、もっと変化できると感じたい、という欲求が強いので、

「○○さん、どんどんステージアップしそうですね〜！」

「○○さんだったら、独立してそういうふうな営業をすれば、きっと成果出ますよ！」

みたいなことを言うと良いでしょう。もちろん本当に思っていることだけ言ってあげてください。

貢献したい人の特徴

〈根本心理〉

感謝されたい。

〈交流会やパーティーなどでは〉

同じテーブルの人のドリンクや食事を取りに行ったりします。

近くにいるご縁のある人と話をしたいと思っています。

〈会話の特徴〉

話すより聴くほうが多いです。褒められると居心地が悪そうです。自分自身の話は少なく、他の人を褒めるなど他人の話が多いです。

〈性格の特徴〉

うれしいことは人の役に立てることです。感謝されると、この上ない幸せを感じます。自分がした貢献を見てくれていると感じると感動します。苦手なことはお金の話や交渉です。自分の意見を貫き通すことにもストレスを感じます。

〈喜ばれること〉

貢献したい人は、人の役に立ちたい、感謝されたい、という欲求が強いので、

「いつも◯◯さんの心配りに感動しています」

「◯◯さんのおかげで私助かりました！」

「◯◯さんに教えてもらったお店、打ち合わせにピッタリでした！　ありがとうございます！」

など感謝を具体的に伝えてあげると良いでしょう。

5章 心のブロックの外し方

「商品やサービスが顧客の幸せに繋がる」と、確信を持つ

感情マトリクスの分類で相手の感情を満たすことができて、好きになってもらえたにもかかわらず、自分自身がセールスをすることや集客すること自体にブロックがかかってしまっている人も、案外少なくありません。

でもそこにブロックがかかったままでは、いくら関係性を作っても、モノを売ることができないんです。だから、ブロックを外すことを、この本の最後に考えてみましょう。

ブロックがかかっているとはどういう状態かと考えると、まずは、その商品や

サービスに自信がないときです。

誰かの幸せと成功に繋がらない、むしろ迷惑がかかる。そんなふうに思っているときには、セールスや集客に対してのブロックがどうしてもかかってしまいます。

当たり前ですよね。役に立たないものは売れません。

そんな場合は、ブロックがかかっている自分自身に対してネガティブにならず、むしろブロックを掛けちゃってください。誰も幸せにならない、迷惑がかかるようなものを売ろうとするときには、ブロックがかかった自分自身を誇りに思うくらいでちょうどいいんです。そういう商品やサービスを扱わない仕事に就くことは大前提です。

そうではない商品やサービスを扱う場合。

自分の商品やサービスがどのように**お客さまの幸せや成功に繋がっているかということを、まずいくつでも書き出してみる**ことをお勧めします。

たとえば、ノートの左側に自分の商品名やサービス名を書き、右側にどんなふうにそれがお客さまの幸せや成功に繋がっているのか、ということをいっぱい書き出してみます。自分の扱っている商品やサービスが、お客さまの成功や幸せに繋がっているんだなということを、視覚的に確認することができますね。そして、その確信をどんどん深めていくのです。

また、お客さまに「私の商品やサービスが、あなたの幸せや成功にどんなふうに繋がりましたか？」ということを尋ねてもいいでしょう。実際に利用された方、購入された方からのフィードバックは、商品やサービスの向上にも繋がりますし、なにより、お客さまに喜んでもらえれば純粋に自信が持てるからです。

お客さまは「売って欲しい」が基本

高額な商品やサービスを販売している場合、「こんなものを売っても大丈夫だろうか」とばかりに、売ることを尻込みしてしまう人がいます。

そんなときこそ、どうか思い出してください。

お客さまというのは、基本的に「物を買いたい」という欲求がベースにあるのです。

何か買いたいのです。**買うことで満たされる気持ちがある**のです。

何気なくウィンドーショッピングをしているとき、「別に買うつもりはなかったんだけれど」なんてわざわざ言う人もいますが、それは嘘です。

普通に街を歩いていて、いい感じのお店を見つけてフラッと立ち寄ったとき、そこにある品物にお金を払って自分のものにして、

「あー、こんなにいいものを手に入れた。うれしい！」

という気持ちになりたいのです。買うことで、満たされたいのです。

お客さまは、そもそも「売って欲しい」と思っているのだ、ということを知っておきましょう。

買う必要があるものか、買う理由をわかっていない

その一方で、お客さまというものは買う必要があるものかどうか、買う理由自体をわかっていないことも知っておきましょう。

「買いたい。売って欲しい」が基本のお客さまが、あなたの商品やサービスを買ってくれないとき。それは、あなたの商品やサービスが悪いから売れないのではなく、**買う理由をわかっていないから買わないだけ**なのです。

お店に入って何気なく商品を見ていて、「あ、これいいな」と思うときって、だいたいいつも、その商品の説明がＰＯＰなどで紹介されているときではありませ

んか？　つまり、商品の解説があることによって、**買う理由を与えてもらっているから、買うことができる**んです。

だから、あなたの商品やサービスを買う理由があるということを、きちんと教えてあげれば、お客さまは買ってくれるのです。それをすればいいだけだということを、知っておきましょう。

特にセミナーなんて、生活必需品ではないし、どうしても買わなくちゃいけないものだということは正直ないかもしれません。それを「あっ、もしかしたらこれ自分にとって必要かも」と思ってもらうような投げかけをして、やっとその人が買いたいと勝手に思ってくれるものなのです。

あなたの商品やサービスの購入を断られたとしても、それはあなたの商品やサービスが否定されたわけではありません。まして、あなた自身が否定されたわけでは決してないのです。

お客さまは、タイミングが合えば買ってくれます。買わなかったのは、たまたまそのタイミングではなかったというだけのこと。だから、断られても落ち込む必要はありません。関係性さえちゃんと作っておけば、タイミングが来たときに買ってもらえるものなのですから。

買いたい理由って、なんだっけ？

さいごに　～先に貢献せよ

「返報性の原理」という言葉を聞いたことがありますか？

他人から何らかの施しを受けた場合に、お返しをしなくちゃ、という気持ちになることです。私は、この原理をとても重要視しています。

結局のところ**「集客」は、自分が日ごろどういう行いをしているかの集大成**なんです。それこそ関係性づくりの集大成です。日ごろから周囲の人に貢献している場合は、たくさんの人が集まってくれ協力もしてくれます。でも、日ごろの貢献を怠っていると、いざというときになかなか人を集められません。

まるで、通信簿のようなものです。

日ごろの良い関係性の中でも「返報性の原理」は非常に効きます。

たとえば、とある教会が、街頭で道行く人に小さな花をプレゼントして、そのあと寄付を募りました。そうしたら、花を受け取った人はかなりの確率で寄付しちゃうんですね。そんなふうに返報性の原理はパワフルです。

だからこそ、相手に対して**先に貢献する**ことが大事です。

もちろん、人として貢献することの大事さをわかっているからこその貢献なのですが、いわゆる「見返り」を期待して先に動く、というのも、ある種のモチベーションとしては否定できないでしょう。

待っているだけではなくて、自分から、何か役に立てることがあるかどうかを探して行動すると、さらに効果的に関係性を築くことができそうです。

効果のある貢献の3S

私が意識している貢献の仕方は、**3つの「S」**がキーワードの頭文字です。


「最高のタイミング」の「S」

「最小の労力で」の「S」

「最大の効果を出す」の「S」


私はこれを常に意識しています。最高のタイミングで動くことができれば、労力は最小限で済み、しかも最大の効果を出すことができます。


具体的な事例をお話しましょう。

ある有名セミナー講師の先生が本を出版されました。その講師の先生と距離を縮めたいと思ったら、あなたならこの「貢献の3S」をどのように実行しますか？先生が望んでいることは「本がたくさん売れて欲しい」ということです。

私が実際にした貢献は、「本を沢山の人に知ってもらいたい」と思っている「最高のタイミング」、まさに販売当日に一番近い大型書店で1500円の本を購入し、講師の先生に頼まれていないのに、Facebookに自分がその本を持っている写真を自撮りし、本のキャンペーンのURLを添えて投稿するというものでした。こんな「最小の労力」で先生からお礼のメッセージが来て、一気に関係性構築ができるという「最大の効果」をもたらしました。

あなたなら、どんな貢献ができるでしょうか。相手が「今」何を望んでいるかを常に観察すれば、きっとあなたも素晴らしい貢献ができることでしょう。

ここまで、様々な感情をどう満たしていくかというテクニックの話をしてきました。でも、結局テクニックを支えているのは、**「愛」**なんですよね。相手を尊重する気持ち。まさにそれこそが「愛」と言えるでしょう。

私はいつもセミナーで、**「集客は愛である」**とお伝えしています。

自分が大好きな人だとしたら、どんなふうに声を掛けるのか、どんなふうにメッセージを送るか、どんな対応をするのか、そういうことを常に、愛を持って考えています。そうすると自ずと答えは出てきます。また、愛とは、相手のことをありのまま受け入れることでもあります。とはいえ、ある程度の大人になってしまうと、自分の経験に基づいた価値観に照らし合わせて判断しようとしてしまい、ありのままに受け入れることを難しくしてしまうきらいがあります。

そうではなくて、その人の存在そのものを認めること。その状態は、きっと相手にも伝わっているはずです。

テクニックで何かを動かすよりも、愛情に基づいた関係性を持続したほうが、人は動きます。

「集客は人が集まること」です。私は、ビジネスそのものが人間関係の縮図だと思っています。だって人生の大半を占めている「働く」という時間を、どんな人たちと過ごすか、どんな関係性作りをするかで、その先の人生が大きく変わるのですから。だからこそ、人間関係を大事に構築していくことは、その人の人生を作っていくということ。相手の感情を満たしてあげることで関係性づくりをしていけば、自分のビジネスだけじゃなく、人生そのものが豊かになっていく――。

私は、そう信じています。

さいごに、Clover出版 小川会長、小田編集長、おふたりがいなければこの本は誕生しませんでした。本当にありがとうございました。そして、この本を作るにあたり、お力を貸してくださった方々、育ててくださった師匠、いつも支えてくれるビジネスパートナー、いつも応援してくれる家族、愛あふれるTOP1%大人気セミナー講師養成講座のみなさま、大好きな友人たち、応援をくださる大切な方々、そしてこの本を手にとってくれたあなたに感謝の言葉を送ります。

2016年2月　ドバイのホテルにて

佐々　妙美

佐々妙美（さっさたえみ）

1978年　神戸市生まれ。

マンション開発会社の企画開発部にて累計200億超のプロジェクトにかかわる。

30歳で退職。「人生を変えてくれた師匠を全国に広めたい！」とセミナー会社の役員となり、プロデューサーを務める。わずか半年で大阪で開催されたセミナーコンテストで優勝。さらに1年で高額セミナーの立ち上げに携わるが集客で苦戦。無理な集客を重ね人が離れていく。孤独な集客活動の中、やっぱり「集客は愛だ」と気づき、お客さまの感情にフォーカスする集客に変えたところ、毎月60～120人、集客できるようになり、講座が全国10箇所にまで拡大。過去1,250回以上のセミナー・イベント開催、定価55万円超の講座を530本以上販売する。現在までの総集客数は15,000人にのぼる。

現在、セミナー集客コンサルタントとして独立。「トップ1%大人気セミナー講師養成講座」を展開し「稼げるセミナー講師」を育成している。

さらには雑誌執筆、テレビ出演など活躍の場を年々広げ、全国各地のセミナーは勿論、ロサンゼルスでのセミナーを成功させるなど、活動は世界に広がっている。

セミナー集客コンサルティングでは実践的指導により、1か月で2,000万を超える売上をたたき出すなど、目を見張る成果を上げるクライアントを多数輩出し続けている。

参考文献
『影響力の武器』ロバート・B・チャルディーニ著（誠信書房）
『ユダヤ人大富豪の教え』本田健著（大和書房）
『人は見た目が9割』竹内 一郎著（新潮新書）

取材・ライティング協力／
宮本ゆみ子　http://kyokuana.net/profile.html?id=55
本文イラスト／滝本亜矢
編集・設計・制作／小田実紀

たった5つの感情でお客さまは動き出す!!
売り込まなくても結果が出る“感情集客術”

初版1刷発行●2016年3月1日
　　3刷発行●2016年8月5日
新版1刷発行●2019年10月25日

著者
佐々《さっさ》妙美《たえみ》

発行者
小田 実紀

発行所
株式会社Clover出版
〒162-0843 東京都新宿区市谷田町3-6 THE GATE ICHIGAYA 10階　Tel.03(6279)1912　Fax.03(6279)1913
http://cloverpub.jp

印刷所
日経印刷株式会社

ISBN 978-4-908033-42-1　C0030

※本書は、2016年3月刊行『たった5つの感情でお客さまは動き出す!!』(弊社刊・産学社発売)の復刻・再刊行版です。

読者のみなさまへ

感謝無料プレゼントのごあんない

本書をご購入いただいたみなさまに、感謝の気持ちを込めて無料プレゼントを差し上げます。ビジネスに役立つ、本書だけの特典です。是非、ご活用ください。【期間限定 2025 年 12 月迄】

特典

① 「集客の極意スペシャル対談音声」

聴くだけであなたの集客力がみるみるアップ！

佐々妙美とカリスマセミナー講師 坂田公太郎さんとのスペシャル対談音声（約 60 分）

② 「佐々妙美の『集客の極意セミナー』動画」

ロサンゼルスでも開催し、日本各地で毎回満席が続いている大人気セミナー動画（参加費 15,000 円相当、約 70 分）

③ 「〈極秘〉セミナー集客完全マスターチェックリスト」

佐々妙美の集客テクニックを 100 個大公開！

あなたの課題と目標が明確になり、ひとつひとつにチェックを入れるだけで、あなたのセミナーは満席に！

＜無料プレゼント申込＞は下記から

⬇

http://www.cloverpub.jp/5emotions/bonusdl/

「Clover 出版　佐々妙美」でも検索可能です。

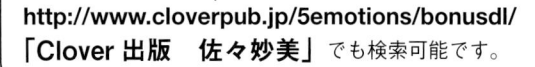